厦门理工学院学术专著出版基金资助

经济管理学术文库·管理类

战略实施新视角

——项目管理机制对“业务战略—企业绩效”的中介效应研究

A New Perspective of Strategy Implementation
– The Mediated Effect of Project Management Mechanism to Business Strategy-Company Performance Relationship

陈青兰 / 著

经济管理出版社
ECONOMY & MANAGEMENT PUBLISHING HOUSE

图书在版编目（CIP）数据

战略实施新视角：项目管理机制对“业务战略—企业绩效”的中介效应研究/陈青兰著. —北京：经济管理出版社，2012.5

ISBN 978-7-5096-1908-7

Ⅰ. ①战… Ⅱ. ①陈… Ⅲ. ①企业管理—项目管理—研究—中国 Ⅳ. ①F279.23

中国版本图书馆 CIP 数据核字（2012）第 085897 号

出版发行：经济管理出版社
北京市海淀区北蜂窝 8 号中雅大厦 11 层
电话:(010)51915602 邮编:100038

印刷：北京银祥印刷厂 经销：新华书店

组稿编辑：张丽生 责任编辑：孙 宇
责任印制：杨国强 责任校对：超 凡

720mm×1000mm/16 10 印张 201 千字
2012 年 6 月第 1 版 2012 年 6 月第 1 次印刷

定价：29.00 元

书号：ISBN 978-7-5096-1908-7

前　言

战略管理被视为企业的最高层次管理，受到学界和业界的普遍关注。尽管如此，根据对众多企业的剖析，我们发现在复杂多变的竞争环境中，战略实施相对战略制定更为困难，并且现有战略管理工具较少关注中国本土情境。这两大难题促使人们思考如何在中国情境下更有效地实施企业战略。

一方面，实践中战略实施存在困难。韦尔奇在“杰克·韦尔奇与中国企业领袖高峰论坛”中说：“战略不过是一张纸而已，如果没有出色的执行，战略是没有用的。”对许多企业而言，战略实施相对战略制定更为困难（薛云奎等，2005；赫雷比尼亚克，2006）。

另一方面，中国情境对战略管理实践和研究非常重要。战略是企业对外部环境变化的反应（Miles 和 Snow，1978），在中国经济转型的现实背景下，情境对战略管理实践和研究非常重要（许德音、周长辉，2004；Tan 和 Tan，2005；李红玲，2007；刘衡、王龙伟、李垣，2010）。某种程度上，2001 年麦肯锡败走实达、2011 年百思买（Best Buy）关闭中国九家门店、美泰公司（Mattel Inc.）关闭芭比娃娃上海旗舰店等案例也说明了这一点。李垣等（2008）指出，经济转轨过程中中国企业的管理问题更具复杂性和独特性，生搬硬套西方管理理论必将导致严重的问题。

基于上述战略管理研究和实践的需求，企业亟须寻求一个适合本土情境的战略实施方式。近年来，由于企业活动“项目化”、项目管理具备“界定组织与其环境之间关系”的优势，项目管理机制逐渐被认为是具体情境中优秀的战略实施方式（Turner，2002，2010；Thiry 和 Deguire，2006；石永东，2008）。项目管理机制（Project Management Mechanism）（以下简称 PM 机制）相关研究中涉及的有项目管理办公室（Project Management Office，PMO）、项目群管理（Programme Management，PgM）、阶段门审查（Gate Review，GR）等不同机制。学者指出传统管理范式与项目管理范式存在明显差异，项目管理具有柔性，能够适应环境变化，符合组织发展战略的整体性要求（刘国靖，2002；廖媛红、戚安邦，2007）。为了充分发挥项目管理机制在中国企业战略实施中感知情境的优势，更好地应用于企业战略管理实践，尚有很多研究工作需要展开。但目前相关研究尚未深入，中国本土情境中，项目管理机制在业务战略和企业绩效之间的作用机理较少系统的理论研究和实证分析。

而现有研究论述的项目管理机制如项目管理办公室（PMO）、项目群管理（PgM）、阶段门审查（GR）等均着眼于组织自身目标，对于处在价值网络中的组织应借助怎样的项目管理机制来进行战略实施，还较少涉及。在前人研究的基础上，基于博弈模型和案例分析，本书为现有“通过项目管理机制实施战略”的理论做了一个扩展，为研究框架增加了一个项目管理机制——项目利益相关方关系管理（Project Stakeholder Relationship Management，PSRM）。从而，本书认为，战略可以通过 PMO、PgM、GR、PSRM 等项目管理机制得以实施。

在这个经过扩展的理论框架上，本书应用来自中国情境中济南市 179 个企业的深入调研数据，将 PMO、PgM、GR、PSRM 等项目管理机制作为中介变量，引入到业务战略对企业绩效的影响过程中。研究发现：首先，项目管理机制的确可以在不同程度上成为业务战略的实施方式，这为战略实施提供了另一个视角；其次，项目管理机制对“低成本战略—企业绩效”、“差异化战略—企业绩效”的中介效应存在不同，从而为不同业务战略应注重发展不同的项目管理机制提供了理论基础。

本书的完成花了整整三年的时间，并且在三年过后有一些后续的思考和认识，所涉及范畴广博深邃，如果没有各方的帮助，断然无法完成这样的重任。

首先要感谢的是我的导师，厦门大学管理学院翁君奕教授。在我心中，翁老师是学术界的一枝莲花，高洁自律。我常将他作为标准来要求自己，不走捷径、不投机。他很少直接给我们拐杖，而是希望帮助我们学会独立走路和思考。他不轻易以言语表达赞许，但用行动表示支持。感谢他为论文所费的心血，感谢他资助学术交流、为我引荐专家学者、为调研等各种研究活动提供便利。

在山东大学访学的那个春天是最难忘的时光之一。各相关部门的老师、教学秘书司老师为访学提供了极大的方便，丁荣贵导师百忙之中特地安排每周一次的见面讨论，课题组的孙涛老师、王彦伟、于菲菲、臧宁宁、刘兴智等师弟师妹们在研究方法、调研方面提供了无私支持。当春天在枝头慢慢绽放，本书也有了最初的轮廓。孔子故里让人感受到学术的纯净。

本书从选题到最终完成的过程中得到很多老师给予无私的帮助和思想的启迪，如江西财经大学的卢福财教授、香港城市大学的魏国基教授、厦门大学的计国君教授和程文文博士、威斯康星州立大学的 Maxwell 博士、International Journal of Project Management 主编 Rodney Turner 教授、华中师范大学孙晓军教授、南开大学薛红志博士、澳门科技大学石永东博士等。素昧平生的华南师范大学温忠麟教授，从香港打了两次总时长为 90 分钟的长途电话指导我进行结构方程模型构建和中介效应检验，让此研究绝路逢生。重庆大学蒲勇健教授无私分享他的博弈模型并亲自寄送原稿。这些老师令我对学术道路充满信心。厦门路桥五缘湾运营公司许征学总经理和厦门天和项目管理投资咨询公司傅庆阳总经理两位国际项目管理专家为量表做了认真、专业的审查，使原创量表具有了较高的专家效度。

我的朋友陈志清、钱利军、陈顺益、山东大学丁荣贵教授和石岩博士、山东经济学院管理学院刘军副院长、厦门大学李长青博士和木志荣博士等热心人为我的后续调研提供了宝贵的信息和支持，没有他们的帮助，我的调研会非常艰难。同时，我还要向配合调研和访谈的企业家们表示感谢！

写作期间，厦门大学的林萍、程愚、莫长炜、李刚、朱劲恩、刘雪锋、林澜、蒋楠、刘莉、王启亮、陈秋英、何毅博士以及蔡忠义、肖炳煊、徐年等同门师兄弟的鼓励和帮助令人难忘。他们中一些人还为我做了部分书稿的校对工作。作为我许多工作论文的合作者，莫长炜给我许多学术启发，心存感谢。

本书出版得到厦门理工学院学术专著出版基金的资助和厦门理工学院校系同仁的大力支持。在撰写过程中，由于事务繁忙，一再延迟出版时间，感谢经济管理出版社张丽生老师及相关同志的支持。

最后要感谢我的父母手足，他们一直宠爱我、支持我。感谢我的先生永远纵容我的梦想。

还有许多无法在此一一感谢到的人，容我在心里永远感恩。

当然，文责自付。由于时间、精力有限，错漏难免，敬请读者批评指正。作者欢迎学术探讨，联系邮箱 chengqinglan@xmut.edu.cn。

陈青兰

2012 年 3 月于厦门

目　录

第一章 导论

第一节 选题背景

一、战略实施的挑战

Joyce 等（2003）的一份研究报告显示，除了其他因素之外，实施战略的能力与企业的成功具有非常强的正相关关系。但是，尽管战略的贯彻实施是成功的关键，有效地执行战略却是一项巨大而艰难的挑战。

这是一个真实的案例：某制造型企业制定了一个《企业发展纲要》，确定了公司的使命、价值观及愿景，并详细确定了财务及非财务战略目标。其中，财务目标实现的一个战略重点是：公司能否在两年内成功地进行市场转型，即从原来的低端市场（国内批发市场）成功进入高端市场（国内大客户市场和国际批发市场）。但企业的发展现状却是：销售经理所有的工作计划都是围绕"如何在现有的低端市场中获得更大的市场份额"而开展，他们不断要求公司降价，因为低端市场的重要竞争要素是价格；研发部门也没有根据高端市场的产品需求特点来编制研发计划，用该企业执行董事的话说，“他们总是做一些不切实际的学术性研究与开发”；同时，生产部门的质量管理也不适应高端市场对产品质量的要求，因为公司的质量管理体系及生产能力没有实行有计划的提升……可想而知，现状足以使公司两年后进入高端市场的战略目标成为泡影。

戚安邦（2004）在专项课题的调查研究中发现，许多企业所开展的一些项目是与组织发展战略不相关的，甚至有些项目还与组织发展战略背道而驰。

战略一旦制定，就被高高挂起，这似乎是部分企业战略管理的缩影。而赫雷比尼亚克（2006）也发现，对于诸如AT&T、强生、摩托罗拉和杜邦等众多著名的全球性公司而言，最难的不是战略制定而是战略实施。

二、当今竞争环境需要不同的战略实施方式

当前，企业面临的竞争日趋激烈，竞争优势日趋短暂，行业进入壁垒日益降低。翁君奕（2005）认为市场环境正向“动态完全竞争”趋近，即收入增长推动的产品差异和需求个性的深化，决定了每个消费者的需求都有不同个性，每个企业都提供相应的独特差别产品并按照边际成本定价，供给方市场结构具有了完全竞争的根本特征。这决定了企业的主导活动从周而复始、不断重复的日常生产运营转变为以一次性、独特性的创新活动为主。在这种情况下，战略管理发生了变化，战略需要多维协同：既要差异化，又要总成本领先；既要定位稳健，又要反应快捷；既要创造价值，又要分享价值。新的战略竞争环境，需要能够适应快速变化的、可操作的、实践性的战略实施方式。

三、项目管理作为战略实施的工具

正是在日趋激烈的竞争环境中，项目管理由于其实践性和可操作性，其对战略实施可能起到的作用逐渐引起了人们的注意。

关于项目管理（PM）在中国的兴起，最经典的例子是 1982 年在我国利用世界银行贷款建设的鲁布革水电站引水导流工程中，日本大成公司以低于标底价 43% 的价格中标，他们运用先进的项目管理方法对这一工程的施工进行了有效的管理，优质高效地完成了项目。这个项目的成功给当时的中国工程建设领域带来了巨大的冲击，人们真实地感受到了项目管理的力量。

相对于职能管理存在的主要缺陷——信息传递速度慢、易形成组织内部信息孤岛、信息失真、组织机构官僚化、不利于创新、管理效率低、环境适应性差等，项目管理具有资源配置的低成本与高效率的优点。廖媛红和戚安邦（2007）认为，传统管理范式与项目管理范式存在明显差异：前者的产业基础是传统制造业，而后者则以知识创新产业为基础；前者以现有的持续经营的活动为研究对象，而后者以不同层次的创新性活动为研究对象；前者的基本任务是建立秩序，而后者强调应对和变革；前者构建稳定的、机械式的层次结构，而后者构建以团队为核心的新型有机结构。这些特性使得项目管理能够适应环境的变化，具有柔性，符合组织发展战略的整体性要求（见表 1-1）。鉴于在界定组织与其环境关系方面所起的关键作用，项目管理已日益被视为一项战略能力。

在一个快速发展的世界里，组织内的项目行为（Project Activity）正在持续增长，当前项目不仅是新产品开发和建设，更有产品改善、系统配置、流程建设、流程重组、新服务开发（Initiation）、软件开发、市场活动（Campaigns）等。动态环境使产品生命周期更短，迫使组织加速新产品开发和开始更多的新项目。有关项目管

表 1-1 职能管理与项目管理的区别

	职能组织	项目型组织
流程方向	纵向	横向
目标	经由部门职能目标，到达企业目标，不是企业目标的全息子集	经由项目目标，到达企业目标，是企业目标的全息子集
操作	重复性、标准化操作	创造性、协作性
操作依据	按流程和文件执行任务	按项目目标组织资源、分配权力
组织内人员职能	人员职能相近，其组合不是企业全部人员的全息子集	人员职能各不相同，其组合是企业全部人员的全息子集
与外界环境的距离	部门—企业—环境，远	项目—环境，近

资料来源：作者整理。

理的一些研究表明，由于竞争环境日趋激烈，许多组织常把战略视作由一组项目构成的计划。基于项目的组织（Project-Based Organization，PBO）也越来越普遍；通过项目来实施战略（Implementing Strategy Through Projects）的方式已成为许多企业应对动态环境的重要选择，组织通过项目实现战略目标的能力成为关键的竞争优势。Turner（2002）指出，在动态环境下，由于企业活动项目化、项目管理的自身优势等原因，项目管理机制可以成为很好的战略实施方式。Hauc 和 Kovac（2000）认为通过项目实施战略，可以更好地引进从战略制定到战略实施的系统化过程，减少从战略制定到战略实施的时间，提高业务战略实施的效率，统一项目目标和业务战略目标，控制战略制定和实施过程中的变化。

第二节 研究目的与意义

本书的目的是：以济南市企业作为研究对象，探讨项目管理机制在“业务战略—企业绩效”关系中的中介效应,[①] 以期揭示项目管理机制在战略实施中的作用。

研究的理论意义和实践意义:

理论意义之一，现有项目管理理论和战略管理理论之间的交叉研究较少，本书丰富了此部分研究。

理论意义之二，基于斯坦博克尔模型（Stackelberg，1934）,[②] 项目利益相关方关系管理（Project Stakeholder Relationship Management，PSRM）的提出对现有实施战略的项目管理机制做了一个补充。在现有理论基础上，项目利益相关方关系管理与现有的项目管理办公室、项目群管理、阶段门审查一起，构成了一个更为完整的战略实施体系。

理论意义之三，把业务战略、项目管理机制与企业绩效作为一个整体，提出了一个综合模型，形成新的理论模型和研究假设并进行了实证研究。研究的数据有力地证明：项目管理机制在不同程度上可以成为业务战略实施的方式。这补充了国内外学术界在该领域的研究，一定程度上深化了战略管理理论和项目管理理论。

理论意义之四，通过文献阅读、专家访谈和反复修改，形成了原创量表，并对其进行了实证检验，为本领域的进一步研究奠定了基础。

理论意义之五，因为基于实证的项目管理研究非常有限，本书所进行的实证研究丰富了本领域的研究。

本书以在中国经济发展水平处于中上游的城市——济南市的企业相关数据作为基础，为项目管理机制对于业务战略的实施所起的作用提供了翔实的实证证明。研究结果为具有不同业务战略倾向的企业对不同项目管理机制的使用提供有益的参考，是为本书的实践

---

① 这个领域的现有研究中涉及的战略有公司层战略和业务层战略，本书在实证研究部分将聚焦于业务层战略。

② Stackelberg（1934），转引自张维迎（2004).

意义所在。

第三节　研究框架、内容与创新点

一、研究框架

基于前文所述研究目的和思路，本书的技术路线和框架见图 1-1 所示。

二、研究内容

第一章是导论部分，介绍了研究问题的提出、研究目的和意义、研究方法、研究内容和结构安排以及本书的创新之处。

第二章是文献回顾，对国内外的研究现状，按照项目管理在战略管理生命周期中三个阶段的作用作了梳理，并分析了各阶段理论的主要观点、理论贡献及理论缺陷，在此基础上，指出本书研究的方向。

第三章是本书的理论扩展部分，对现有“通过项目管理机制实施战略”的理论作了一个扩展，从而为本书框架增加了一个项目管理机制——项目利益相关方关系管理（PSRM）。既有文献认为战略可以通过项目管理办公室（PMO）、项目群管理（PgM）、阶段门审查（GR）等机制得以实施，但是，现有这些机制均用于处理个体组织内部的一个或多个项目，当项目处在价值网络中，应该采用什么样的机制来实施战略意图，现有研究很少涉足。由此，在文献回顾的基础上，本书构建了一个通用的斯坦博克尔模型以分析企业与

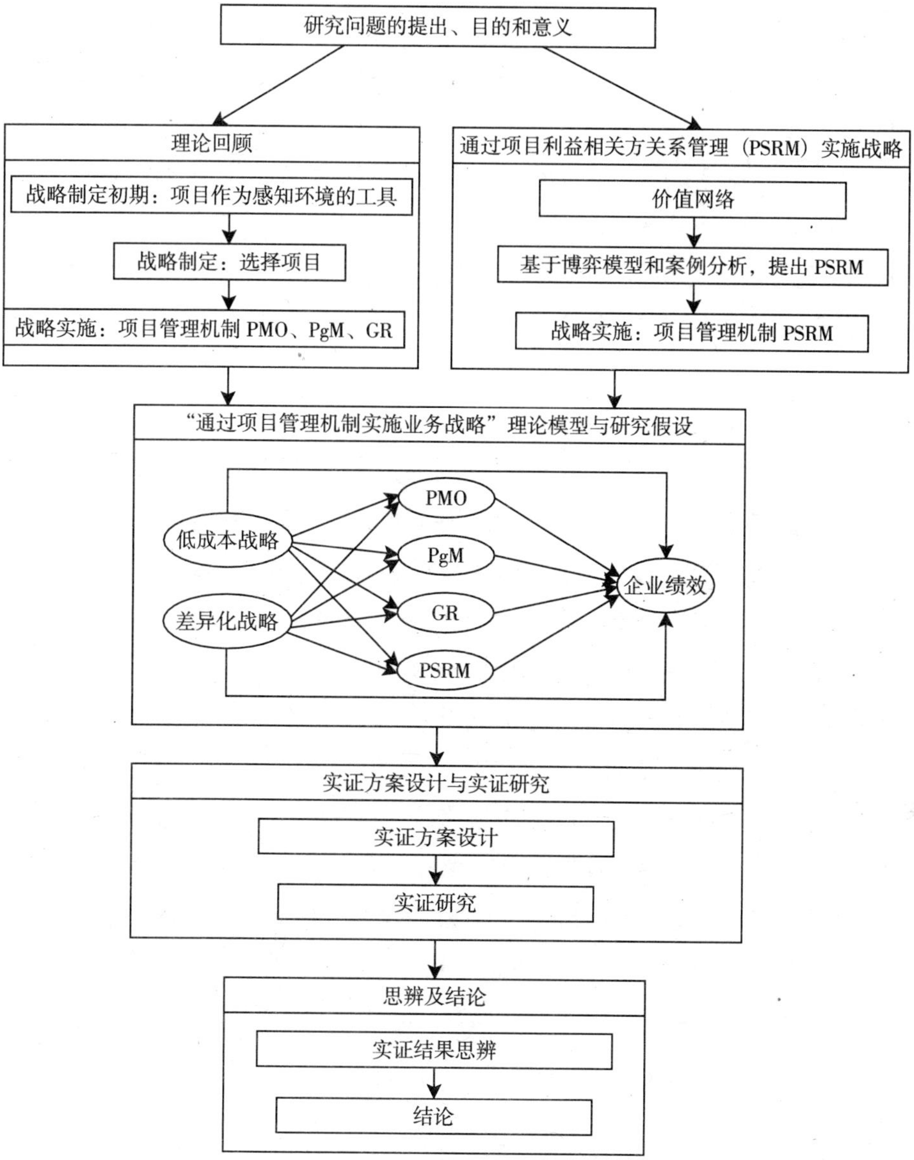

图 1–1　本书的研究框架

项目的利益相关方之间的博弈行为。对均衡结果的分析认为，项目利益相关方关系管理（PSRM）是实施战略的另一个重要项目管理机制。本章的最后以厦门 PX 项目的实例对此进行了验证。由此，本书框架中涉及的项目管理机制增加为项目管理办公室（PMO）、项目群管理（PgM）、阶段门审查（GR）、项目利益相关方关系管理（PSRM）四种。

第四章是基于扩展后的研究框架和现有文献对业务战略、项目管理机制、企业绩效三者之间两两关系的研究，本书经分析、论述得出研究假设，并构筑了一个“通过项目管理机制实施业务战略”的综合模型，用以检验项目管理机制对业务战略实施的作用机理及其效果。

第五章是研究方案设计。首先，重点介绍了原创量表的设计，鉴于现有理论对“业务战略—项目管理机制—绩效”三者关系缺乏验证，调查题项将涉及三个方面：组织中业务战略的倾向（差异化、低成本倾向）、组织中项目管理机制的存在和作用，以及组织的绩效；其次，介绍了数据搜集方法和搜集过程；最后，说明了数据分析方法，包括为什么选择中介效应方法进行分析。

第六章是实证方案设计。首先，本部分对数据进行了描述性统计；其次，进行了独立样本 T 检验和测量信、效度检验；最后，利用结构方程模型分析各潜在变量之间的关系，并对本书提出的研究假设进行了验证。数据来源于济南市的 179 个企业。

第七章是结论。这部分把理论分析与实证检验的结果进行了整合，得出相应的结论，并就结论进行讨论，对其理论含义和管理实践意义进行了分析。在本章的最后部分，就本书的局限性和未来的研究展望进行了讨论。

三、本书的创新点

本文的创新之处体现在：

（1）思想的创新——理论扩展：既有研究认为项目管理办公室、项目群管理、阶段门审查是实施战略的很好机制，但这些项目管理机制均着眼于组织边界内部的一个或多个项目，对于处在价值网络里的项目，实践中应该借以实施战略的项目管理机制是什么，现有研究较少涉及。本书通过博弈模型和案例分析，在这个研究领域里，为现有实施战略的项目管理机制补充了项目利益相关方关系管理（PSRM）这一重要机制。

（2）内容的创新——原创量表：关于项目管理机制（项目管理办公室、项目群管理、阶段门审查、项目利益相关方关系管理）在企业中的运作状况，现成的量表很少，作者在文献阅读和实践经验的基础上，经“头脑风暴法”讨论生成了原创量表，并经专家审查认定，为本领域的进一步研究奠定了基础。

（3）内容的创新——综合模型：关于业务战略、项目管理机制、企业绩效，现有研究多探讨三者之间两两的关系，在本书中作者把业务战略、项目管理机制与企业绩效作为一个整体，提出了一个综合模型，形成新的理论模型和研究假设并进行了实证研究。综合模型有助于揭示业务战略实施机理和项目管理机制对于业务战略实施的实际效果。模型补充了国内外学术界在该领域的研究，一定程度上深化了战略管理理论和项目管理理论的交叉研究。

第四节　研究方法

为了对上述的内容展开研究并达成预期的研究目标，作者采用博弈论和案例分析法作为理论论述工具，采用文献法、问卷法和计量经济方法（包括 SPSS、AMOS 等软件的运用）等形成模型和收集、处理数据。具体地说：

（1）通过文献检索、阅读和分析，了解国内外的相关研究现状，并以此为基础，形成具体研究思路、概念模型和研究假设。

（2）以博弈论作为工具，通过对斯坦博克尔模型（Stackelberg，1934）均衡结果的分析，导出项目利益相关方关系管理（PSRM）是实施战略的另一个重要项目管理机制，并以案例分析验证之，从而为现有理论做了有益的补充。

（3）在前人研究的基础上，按照量表设计的经典方法，设计原创量表。

（4）以问卷调查的形式收集国内企业的业务战略、项目管理机制、企业绩效等方面的数据，以便进行统计分析。

（5）通过 SPSS 和 AMOS 等统计软件，利用因子分析、回归分析、SEM 等计量统计分析方法，对概念模型和研究假设进行计量统计分析，以验证概念模型与假设是否成立。

本书所涉及的理论背景主要有以下几个领域：战略管理理论、项目管理理论、利益相关方理论、博弈论等。

第二章　文献回顾

第一节　相关理论研究回顾

战略管理理论本身是一个理论的丛林。从产业组织理论、资源基础理论到核心能力理论，战略管理理论有了很大的发展。但是，战略管理，特别是战略实施的有效性却受到许多学者和企业家的质疑。随着项目管理理论的发展，从项目管理的角度来进行战略管理，这一议题逐渐引起了关注。研究表明，由于竞争环境日趋激烈，许多组织常把战略视为由一组项目构成的计划；基于项目的组织（Project-based Organization，PBO）越来越普遍，通过项目来实施战略（Implementing Strategy Through Projects）的方式已成为许多企业应对动态环境的重要选择。Turner（2002）指出，在动态环境下，由于企业活动项目化、项目管理的自身优势等原因，项目管理机制可以成为很好的战略实施方式。虽然，当前有关的理论研究还不是很多，但是增长的趋势明显。一方面，国内外的相关研究在逐年增长（见表 2-1）；另一方面，近几年已经开始出现了较为规范的定量研究。但总体看来，研究还未形成系统。本书在这些文献基础之上对这部分理论进行评述，并在给出一个总体研究框架的基础上，提出本书的研究方向。从现有的文献来看，按照项目管理在战

表 2-1　本领域现有研究情况

<table>
<tr><th>年份</th><th>外文文献</th><th>中文文献</th><th>合计</th><th>备　注</th></tr>
<tr><td>1990</td><td>1</td><td></td><td>1</td><td rowspan="4">文章主题并未密切围绕本书主题展开，仅在文章中涉及一些提法，比如：连接项目与组织战略、通过项目实施战略等</td></tr>
<tr><td>1992</td><td>2</td><td></td><td>2</td></tr>
<tr><td>1993</td><td>1</td><td></td><td>1</td></tr>
<tr><td>1994</td><td>1</td><td></td><td>1</td></tr>
<tr><td>1998</td><td>1</td><td></td><td>1</td><td rowspan="6">文章主题围绕本书主题展开。其中 2005 年、2006 年各有定量分析文献一篇</td></tr>
<tr><td>1999</td><td>1</td><td></td><td>1</td></tr>
<tr><td>2000</td><td>1</td><td></td><td>1</td></tr>
<tr><td>2003</td><td></td><td>1</td><td>1</td></tr>
<tr><td>2005</td><td>2</td><td>2</td><td>4</td></tr>
<tr><td>2006</td><td>4</td><td>1</td><td>5</td></tr>
<tr><td>合计</td><td>14</td><td>4</td><td>18</td><td></td></tr>
</table>

资料来源：Ebosco、Proquest、中国期刊网等相关数据库（本调查截至 2007 年 1 月，为不完全统计）。

略管理生命周期不同阶段中扮演的角色，该领域的研究主题主要可以划分为三个方面：在战略制定初期通过项目感知环境、以项目选择作为战略制定的重要方式和采用项目管理机制作为战略实施的具体途径。

一、战略制定初期——项目作为感知环境的工具

在 Teece（1984）看来，战略管理背后的基本理念是：如果一个公司想要达到最佳绩效，它需要使公司能力和其所处的动态环境相匹配。认识并理解组织所处的环境，是战略形成的前提，Bredillet（2005）指出，项目管理可以较好地承担这个任务。有两点原因促使项目管理脱颖而出：首先，环境日趋复杂。在竞争日趋激烈的环境中，影响竞争的要素众多，要素之间又不断交互作用，具有较强的不确定性和动态性。其次，传统层级制组织的局限性。依靠机械的层级系统收集信息，并且以机械的、短期的方式来分析、处理这些信息，传统层级制组织的这种机械式处理方法适宜于

感知和理解相对静态、简单和确定的环境，但对于感知和理解高度不确定的竞争环境还远远不够。当环境趋于动荡和复杂，传统的层级控制方法将会造成等级森严的纵向控制型组织观。而 Porter 也早在 1985 年就指出，横向关系的缺乏是战略应用中的一个关键问题。在此情况下，Bredillet（2005）指出，项目管理可以弥补层级控制方式的缺陷而更好地感知和理解复杂环境。这是因为项目更接近基层实际工作，企业通过执行项目，可以更好地借助来自动态环境的各种线索，重新塑造其面临的外部环境和条件，形成利益相关方共同认可的目标观，并制定 Mintzberg 和 Waters（1985）所述的应急战略。项目管理可成为利益相关方加以利用的重要而有效的环境感知工具，以将感知的结果与战略意图进行衔接。

Bredillet（2005）着眼于项目管理在战略形成之初的作用，揭示了环境、战略、项目三者的关系——项目作为感知环境的工具，从而形成战略，指导项目执行并进一步促进战略的有效实施（如图 2-1）。这一论述，可以为战略制定前期对环境的感知提供指导。

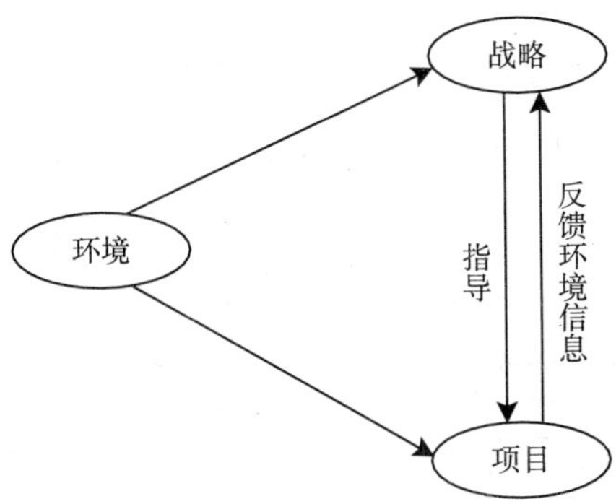

图 2-1 环境、项目、战略关系

二、战略制定——选择项目

在感知、理解环境之后，企业可以使用选择项目的方法来进行战略制定。Hartman（2003）将公司战略定义为由一组项目组成的计划，选择项目成为企业制定战略的重要手段。他以一个案例来说明这个定义：

一家经济严重萧条的公司，针对自身状况选择了四个项目，项目之一：获得信用额度的扩展；项目之二：修复关系；项目之三：在目前的项目中杜绝浪费现象；项目之四：在供应商和分包商间尽一切可能建立扩展的支付和信用体系。一年以后，所有的项目都完成，相应地，它的战略目标——扭转公司的经济萧条状况也得以实现。并且企业也习惯于将诸如增加年销售收入、客户关系管理及其他“运行”之类的工作当作项目来对待。

这个案例指出，选择项目可以作为战略制定的重要手段。上述四个项目的选定其实就是战略制定的过程。但是对于选择的依据、方法和技术，作者没有进行进一步阐述。

Grundy（1998）则给出了具体的选择项目的方法，即项目选择网格法。使用项目选择网格法以确定战略选择优先权。该方法依据战略吸引力、财务吸引力、实施难度、不确定性和风险、利益相关方的可接受度五个指标对备选方案作出评价和选择。这五个指标是依据现有战略管理理论而确定的，因此具有一定的理论基础。相对Hartman（2003）的简单案例分析，Grundy（1998）提供了选择机制，人们可以根据可衡量指标确定项目的优先排序。

三、战略实施——项目管理机制

选择项目以制定战略之后，进入战略实施阶段。这是此研究领域较多关注的部分。在这一阶段，主要考虑通过什么项目管理机制、如何通过项目管理机制进行战略实施。其中典型的有 Turner

(2002，2005) 提出的瀑布模型以及中间机制 (项目群和项目组合管理)、Morris 和 Jamieson (2005) 的结构化方法以及 Thiry 和 Deguire (2007) 的综合分析框架等。Dietrich 和 Lehtonen (2005)、Milosevic 和 Srivannaboon (2006) 则对这些机制、框架进行了定量分析。

1. 瀑布式 (Cascade) 模型

Turner (2002) 构建了一个瀑布 (Cascade) 模型 (见图 2-2)。该模型从"企业发展目标—项目群目标—项目目标—工作区域目标—小组目标—个体目标"逐级层层落实，每个目标伴随相应的策略。模型可以显示组织如何处置项目/项目群来达到他们的发展目标。它全面地反映了从公司战略到项目意图的精心策划的过程，并以橡胶园的案例进行了例证。但模型未考虑突发信息的性质和战略的修正。Turner (2005) 进一步指出项目组合可以按照战略优先级对项目进行资源分配，实现项目之间的协同运作；实施项目群管理可以实现比单个项目所能达到的更高层次的战略目标。但是，由于 Turner (2005) 没有具体阐明战略是怎样通过项目群和项目组合管理这些中间机制进行实施的，这种中间机制也还没有找到经验上的

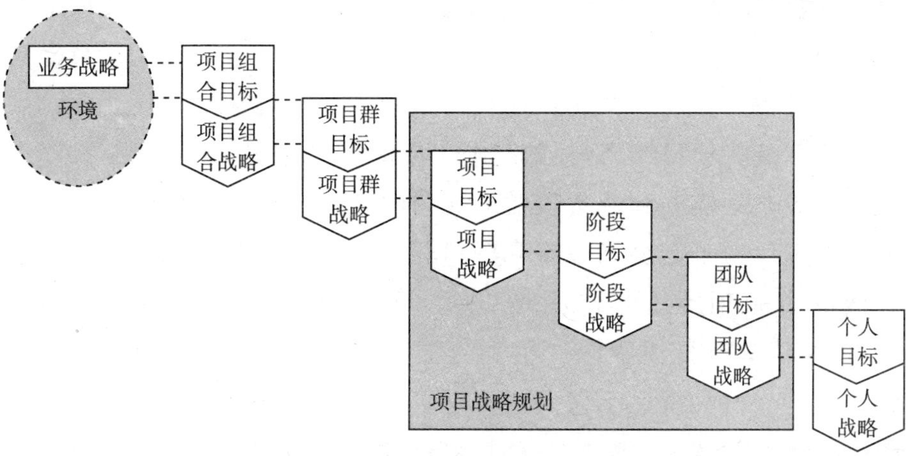

图 2-2　联系公司战略和项目战略

资料来源：特纳. 项目管理手册 [M]. 北京：清华大学出版社，2002.

证据，从而，Thiry 和 Deguire（2007）仍然称为机械化的方式。

2. 结构化方法与阶段门审查

Morris 和 Jamieson 通过对一家飞机公司实施模式的考察提出了“结构化方法”。该方法使战略目标从“公司层—SBU—项目群—项目”逐级落实。在每个关键阶段（Stages）要求进行“阶段门审查”（Gate Review），每个“门”均要审查包括战略在内的七个关键项目主题。“阶段门审查”保证在项目管理过程的所有阶段、工序（Phases）、战略均处于项目团队的管理中。相对于 Turner（2002）的瀑布式模型，这个模型考虑了突发信息因素，组织可以采用“阶段门审查”对战略进行实时修正。

3. 项目群管理、项目组合管理和项目管理办公室

Thiry 和 Deguire（2007）提出了一个综合模型。他们认为，项目群管理与项目组合管理分别存在于业务单元与公司层。他们把项目群管理对业务战略的整合称为横向整合，把项目组合管理对公司层战略的整合称为纵向整合。首先，在横向整合中，Thiry 和 Deguire（2007）认为项目群管理可以在业务单元内部对多个项目进行治理和协调以取得预期的业务成果并为各利益相关方创造价值。从业务战略的制定到收益实现的过程，就是将产品生命周期内涉及的所有项目从项目定义、启动到运营的整个生命周期进行横向整合的过程。在业务单元长期经营过程中，环境一旦发生变化，项目群管理就将项目结果与战略预期结果对比，适时进行调整，以保证业务战略的实施和业务收益的交付。其次，在纵向整合中，项目组合管理致力于把公司战略和项目联合起来，支持公司战略，保证有效的资源利用。其作用是持续、稳定地为现存和潜在的项目（群）按优先级提供资源。组织应基于战略和资源发展可持续的优先级模型。这种模型不仅要考虑财务可行性，还要从系统的角度考虑组织绩效和竞争优势以及项目群和项目的可实现程度。另外，实施过程还必须允许持续评估，调整资源和项目的关系，使其成为一

个灵活的、动态的决策模型。再次，通过项目群管理办公室（PMO）进行治理。PMO在战略和项目之间起到一个综合治理的作用，有助于将战略意图落实到项目和将项目实际情况回馈至组织层级从而重新塑造企业战略（见图2-3）。

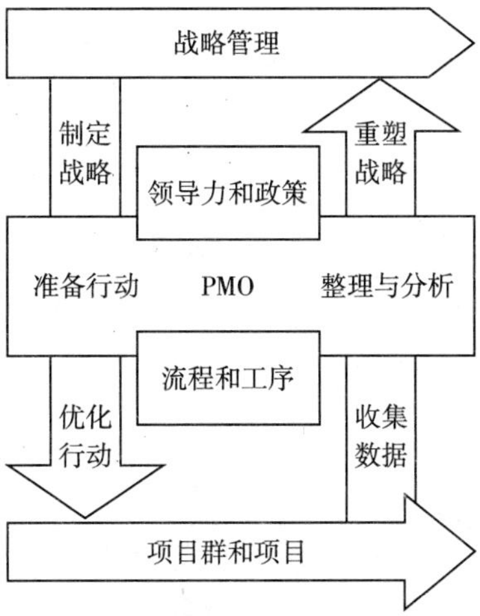

图2-3 PMO作为治理结构

资料来源：Thiry，M.，M. Deguire. Recent Developments in Project-Based Organizations [J]. International Journal of Project Management，2007，25（7）：649-658.

Thiry和Deguire（2007）模型中论述的关于项目群管理、项目组合管理对战略的整合是对Turner（2002，2005）理论的进一步深化。关于项目群管理、项目组合管理对于战略实施的作用，中国学者姜卉、邹积峰（2007）也认为，项目组合架起了组织战略与项目实施之间的桥梁，为了形成灵活有效的经营战略，必须通过一系列项目群来实施战略，并给出项目筛选过程和项目管理的系统方法。Thiry和Deguire的贡献更在于提出了通过PMO进行治理，为“通过项目管理实施战略”的理论做了进一步的贡献。模型的缺陷在于，对于业务战略/公司战略与项目群管理/项目组合管理的对应关系进行截然划分，缺乏相应的理论支持；同时，PMO的有效性还需要进一步检验。但总的来说，该模型为研究者提供了理解“通过项目管理机制实施战略”的一个较为完整的框架。

4. 模型检验

Dietrich 和 Lehtonen（2005）、Milosevic 和 Srivannaboon（2006）结合调研数据对前文提及的“项目管理机制”进行了实证检验。Dietrich 和 Lehtonen（2005）调查了 288 个组织的管理实践，调查的主题是“如何通过项目成功实施战略”。自变量为“项目特性、活动及项目信息情况”，具体包括：①单项目层次的特性和活动；②多项目层次的特性和活动；③战略过程和项目管理的连接；④项目信息的可得性和质量。因变量为“组织在多项目情境下是否成功管理战略意图”，通过三个指标衡量：①项目的目标是否联系组织战略；②不同项目的资源配置是否联系组织战略；③目前的项目组合是否实施了组织的战略。作者通过 SPSS 软件验证了自变量和因变量之间的相关关系，最终确定与“成功管理战略意图”相关的成功因子是“战略过程和项目管理的连接”与“高质量信息的可得性”。基于此，Dietrich 和 Lehtonen（2005）对 Turner（2002，2005）等人提出的项目组合管理、项目群管理、阶段门审查等中间机制进行了数据验证。

Milosevic 和 Srivannaboon（2006）对八个企业的高管进行了半结构会谈并搜集、分析企业的相关资料，考察结果显示业务战略与项目管理要素之间存在依存关系，而项目组合管理、阶段门、PMO 等中间机制在业务战略实施过程中发挥了作用（见图 2-4）。他们所选取的自变量为业务战略，采用自我打分法（Self-Typing Method）划分为差异化、低成本等战略类别。因变量为项目管理要素（Project Management Elements），采用 Shenhar（1999）的 SPL（Strategic Project Leadership）框架，分为项目战略、项目组织、项目流程、项目工具、项目衡量（Project Measures）和文化六个要素。其结论认为，业务战略的竞争特性驱动项目管理要素的关注点和内容，同时项目管理要素也可以影响业务战略。他们还证明了企

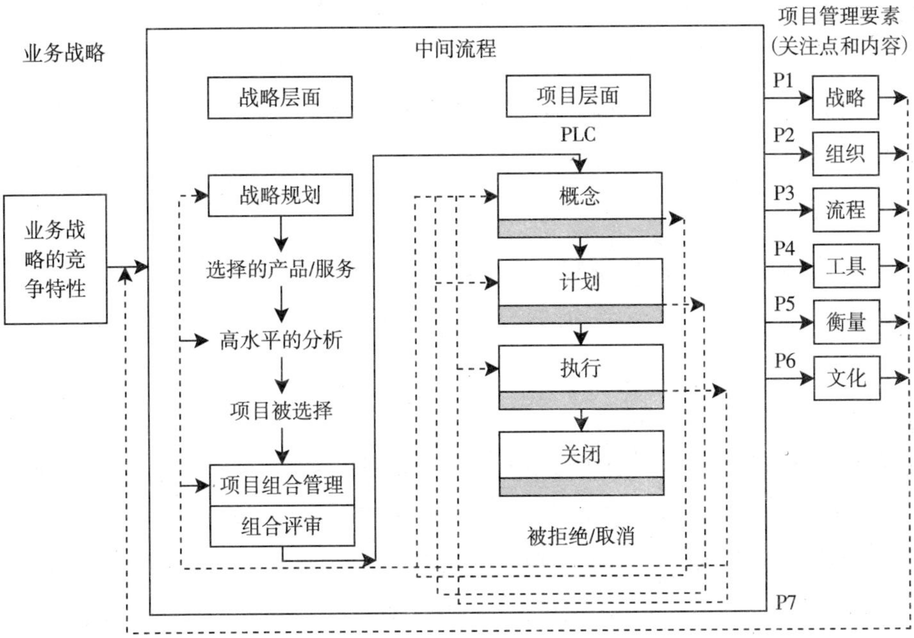

图 2–4 连接项目管理和业务战略的理论框架

资料来源：Milosevic，D. Z.，S. Srivannaboon. A Theoretical Framework for Aligning Project Management with Business Strategy [J]. Project Management Journal，2006，37（3）：98–110.

业内确实存在着各层面的连接项目管理和业务战略的机制：在战略层，使用战略规划和项目组合管理阐释业务战略；在项目层，使用诸如项目衡量（Metrics）、内部协调机制（如 PMO）等以保证连接质量；而“阶段门”（Stage Gate）提供了战略性的反馈，将导向应急战略。“门”给予项目团队考察环境的机会，以使项目与战略保持持续的紧密联系。

Milosevic 和 Srivannaboon（2006）通过案例调研，验证了 Jamieson 和 Morris（2004）的结构化方法。事实上，Thiry 和 Deguire（2007）的“有机结构”，与此框架有内在的联系，特别在 PMO 作为一个内部协调机制方面可以进行整合。

第二节 本章结论

从项目管理角度出发进行战略管理的理论研究始于20世纪90年代初，还是一个崭新的领域（Infant Stage）。现有的文献对项目管理在战略管理的不同生命周期——战略制定初期、战略制定、战略实施过程中所起的作用已有一定的研究，为战略管理理论做了有益的补充，并为实践中的战略管理提供了具有可操作性的指导建议。但是，从总体来看，这些研究还比较零散，缺乏系统性，少有对理论根基的深入思考。例如，在“通过项目感知环境”的分析中，Bredillet（2005）仅仅简单指出项目可以作为感知环境的工具，但是他没有具体论证在当今的竞争环境下通过项目来感知环境和依靠传统的职能结构来感知环境有什么根本区别，也没有阐明企业通过项目感知环境的机制以及与其他环境感知方法的联系；关于“战略制定—项目选择”以及“通过项目管理机制实施战略”的论述分析过程中，虽然给出了具体的操作步骤并且部分方法得到了Dietrich和Lehtonen（2005）与Milosevic和Srivannaboon（2006）的实证检验，但是，如果进一步追问这些方法背后的逻辑联系和理论依据，这些文献并不能给出满意的解答；通过项目管理机制实施战略的效果将直接影响组织对此方法的影响，但现有研究还鲜少对实施效果进行经验验证，变量和指标的选取更是着墨甚少，需要更多的斟酌。

在高度不确定、动态和复杂的竞争环境中，某个单一战略所带来的竞争优势正以逐渐加快的速度丧失，因此，战略管理特别是战略实施有必要进行新的尝试。正如前人的研究所展示的，从项目管理的角度进行战略管理的模式已经在实践中被很多企业采用并展示出了其有效性。

从项目管理的角度进行战略管理的过程是一个内部要素联系十分紧密，但同时又处在动态环境中的开放系统，其有效性有赖于通过项目对环境的认知、通过选择项目的战略制定以及通过项目管理机制的战略实施。依据项目管理在战略制定、实施这个开放系统中的位置，本书提出了一个与此相对应的系统理论分析框架，如图 2–5 所示。

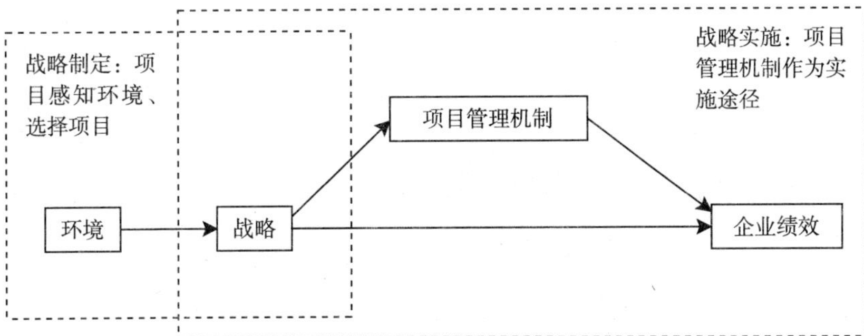

图 2–5 理论分析框架：通过项目进行战略管理

资料来源：作者整理。

根据图 2–5 的逻辑思路，首先，为了制定战略，组织需要对环境进行感知和理解，在这一过程中，项目在实施中和其他感知环境的方式一起对环境产生认知，并在认知环境后通过选择项目帮助战略制定；其次，制定的战略需要实施，项目管理机制成了战略实施的具体途径，为了检验企业战略管理是否有效，需要将这些变量与企业最终绩效进行联系。

本书重点将放在战略实施即图 2–5 中第二个虚线方框内。在这个研究框架中，为了检验项目管理机制在战略实施过程中所起的作用，必须了解战略对企业绩效的直接影响、战略对项目管理机制的影响以及项目管理机制对企业绩效的影响，并且了解在加入项目管理机制之后，战略对绩效的影响是否产生变化。只有这样，才能准确地考察战略通过项目管理机制对绩效产生的实际效果。

这一方面的现有研究还较为缺乏，理论基础也比较薄弱。这也是整个项目管理研究领域的现状。学者们认可的这些项目管理机制是否足以实施战略？怎样实施？内在的机理是什么？此外，关于通过项目管理机制实施的效果，经验的数据也比较缺乏。因此，首先，后续研究将思考现有项目管理机制对于战略实施是否足够？如果不够，那么可能有什么样的项目管理机制可以成为补充？从而对现有模型进行完善；其次，在研究假设里，由于现有研究对战略与绩效的关系、项目管理机制与绩效的关系已经有较为一致的看法，本书重点思考战略对项目管理机制的选择与互动，并在这些研究的基础上构筑“业务战略—项目管理机制—企业绩效”的完全模型；最后，通过实证研究验证战略实施的效果。在经验研究上，由于这个领域的研究还刚刚开始，基础比较薄弱，现有量表不能满足本书的需要，需要自行编制量表以衡量项目管理机制在组织中的存在性，这就涉及度量指标的确立和取舍。另外，由于项目管理机制和战略类型等均属于不能准确量化而存在测量误差的变量，研究需要采用结构方程模型以降低测量误差，这就需要相应的较大的样本量。此外，现有的理论框架大多基于典型的项目型组织（如房地产、飞机制造公司等），而如前文所述，考虑到项目的概念已经跨行业、跨专业泛化，因此，本书拟验证这些理论对于一般行业的适用性。

第三章　理论扩展

如第二章所述，Hauc 和 Kovac（2000）、Morris 和 Jamieson（2005）等学者就各项目管理机制如何在战略实施中起作用分别做了论述。这部分理论的核心是组织在战略目标的指引下，确定具有战略性意义的项目，通过执行战略性项目达到实施战略的目的。但是，当把这些项目管理机制引入研究框架时，需要考虑现有的项目管理机制是否足以实施战略。

研究发现，现有理论大多着眼组织边界内部，包括项目管理办公室、项目群管理、阶段门审查在内的项目管理机制，均从个体组织自身目标出发，对组织内的多个项目进行权衡，对组织内资源进行调控，从而实现战略性项目并实现组织战略目标。但是，价值网络的存在使得研究不能仅考虑组织自身目标。价值网络是由利益相关方之间相互影响而形成的价值生成、分配、转移和适用的关系及其结构，李垣、刘易（2001）认为价值网络客观存在，但长期以来人们忽视了它的影响，没有全面、深入地研究其内在特征。由此，丁荣贵（2007）指出，当组织的战略性项目跨越组织边界，处在多个利益相关方（见图 3-1）组成的价值网络中时，资源调控受限，战略的实施可能存在障碍。[①] 鉴于动态经济环境中专业分工的细化

① 如图 3-1 所示，项目 A 需要甲、乙两个企业协作才能完成，而甲、乙企业同时还各自承担 B、C 项目和 I、J 项目。从各自企业的角度，甲、乙企业需权衡项目给自身带来的利益和风险。设乙企业对 A 项目设置较低的优先级，在资源稀缺情况下，就可能拖延、放弃 A 项目。此时，无论甲企业多么努力，项目 A 也难以按时完成（丁荣贵，2007）。下文中“组织”可视为图 3-1 中的企业甲，而“供应商”则视为图 3-1 中的企业乙。

和竞争的激烈程度，处在价值网络中的项目，比起仅限于组织边界内部的项目，显然更能代表项目的实际情况，所以，这种情境下的研究更有必要。由于处于价值网络中，不同的组织为了实现自身的价值而不得不与他人合作时，其效用体系就是各主体在特定条件下相互博弈的结果。本书以组织与其跨组织利益相关方之一供应商之间的关系为例，通过对斯坦克尔伯格（Stackelberg，1934）模型进行局部改造和合理简化，使其边界条件适合处理上述博弈，并导出一个子博弈精炼纳什均衡。模型建议组织通过关系管理引导与供应商的博弈，从而实现战略目标。在此基础上，本章为总体研究框架提出一个补充的项目管理机制，称为项目利益相关方关系管理（Project Stakeholder Relationship Management，PSRM）。本章的第二节将以厦门 PX 项目作为案例验证模型提供的结论。

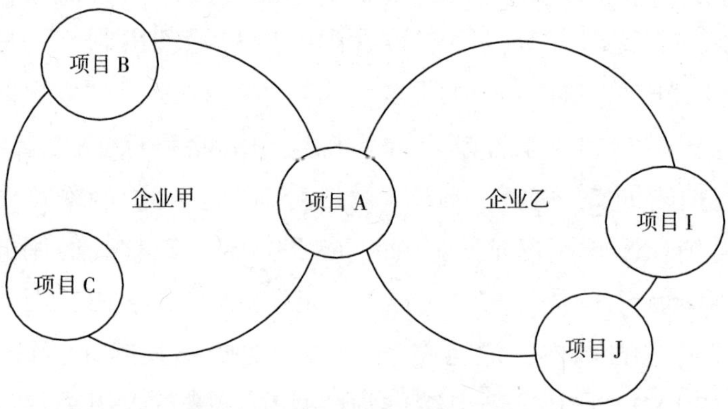

图 3–1　多项目组织合作项目模型

资料来源：丁荣贵. 利用经济附加值构造项目价值网络［J］. 项目管理技术，2007（4）.

第一节　博弈模型

一、完全信息动态博弈模型

完全信息是指自然不首先行动或者自然的初始行动被所有参与人准确观察到的情况，即没有事前的不确定性。模型假定参与人（组织与供应商）对市场情况能准确掌握，战略性项目运行前景及所需物资能够事先预计。这类预估与掌握是组织及供应商必备的素质，市场情况、前景、物资发生意外大幅变动的概率，在整个项目生命周期中相对较小，所以完全信息是多数项目的情况，也是变动发生的基础，因此本书采用完全信息博弈模型。同时，由于组织和供应商行为常规上存在先后，本书采用 Stackelberg 完全信息动态博弈模型分析组织与供应商之间的合同谈判过程并解释二者关系是较为合理的。

二、基本假定

假定组织提出着眼实现战略目标的项目所需合同时序量①建议，供应商选择同意或者不同意，并提出自己的合同时序量。假定供应商先动——选择是否与组织签约，组织在给定供应商做出的最优战略选择下做出自己的最优战略选择。然后，供应商再根据组织

① 所谓合同时序量，指在博弈时序（Playing Sequence）（游戏规则中规定的每个参与者决策的先后次序）基础上局中人的合同决策量。参见张维迎（2004）“行动顺序”（Order of Play）。

的反应函数确定最优的均衡选择，最后达到子博弈精炼纳什均衡。则供应商的战略空间如下：由于供应商处于图 3–1 所示的价值网络中，出于经济理性，他可以选择履约或者不履约。一旦选择履约，则给定组织提出的合同时序量，供应商选择自身努力程度，这种努力程度包括实施合同后供应商自身对于物资来源的努力、物资供应的战略部署、对运输方式进行控制等。假定供应商经过努力、合同实施后得到合同额，从而产生利润。显然，供应商的努力程度与此利润存在正相关关系，所以，研究用这个利润表示供应商的努力。而组织的战略空间是各种可选择的合同时序量建议，这种合同时序量建议保证组织最大限度地实现战略性项目从而实现战略目标。

三、一般模型

局中人 1 为供应商，局中人 2 为在位组织，博弈行动顺序如图 3–2 所示。假设供应商的努力程度用第一个供货期内的利润流表示，随后各期供应商努力程度不变（但因随后的各个周期内的投资不同，故随后各供货周期内的利润将不同于努力程度）。在图 3–2 中，若供应商选择不履约，则供应商将得不到合同金额，支付为 0，此时组织也未能实现其战略目标，支付也简化为 0；如果供应商选择履约，则组织可以选择多种合同时序量，如图 3–2 中的合同时序量 1、合同时序量 2…若组织选择合同时序量 1，则供应商可选择多种努力程度，如 π_1^1，π_1^2…

用供应商在第一期获得的利润 π_1 表示供应商的努力程度，并假定供应商向组织给付的合同时序量为 D_1，D_2，…，假定剩余 $(\pi_1 - D_1)$ 用于供应商在第二期的投资，则供应商在第二期的利润增加额是 $(\pi_1 - D_1)$ 的函数，即在第二期的利润为 $\pi_2 = \pi_1 + f(\pi_1 -$

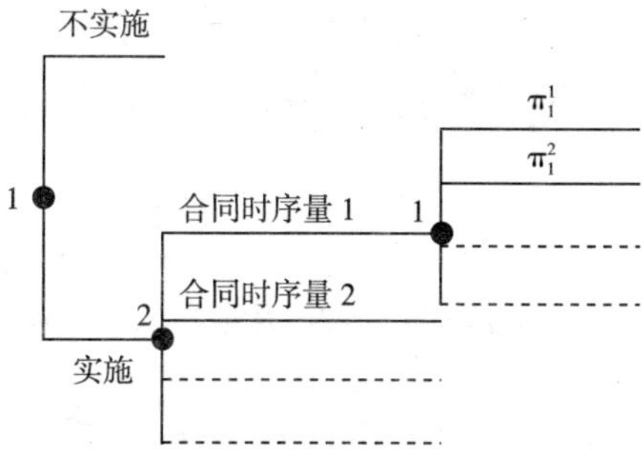

图 3-2　博弈的行动顺序

D_1)，类似的有 $\pi_3 = \pi_2 + f(\pi_2 - D_2)$，$\pi_4 = \pi_3 + f(\pi_3 - D_3)$ 等。[①] 这里未考虑技术进步，故 f 与时间变量无关，假设 $f(0) = 0$，$f' > 0$，$f'' < 0$，$\lim f'(x) = +\infty$（Inada 条件，保证图 3-3 中的（b）中的解是切点解）。

供应商在实施合同后的每一年都付出一个成本 $C = C(\pi_1)$。根据价值网络中的伙伴关系假定，若供应商得到来自组织的帮助，这种努力的成本趋低。总成本现值为 $TC = \sum \delta_1^{t-1}C(\pi_1)$，当供应商着眼无限期收益，则 $TC = C(\pi_1)/(1-\delta_1)$，假定导数 $C'(\pi_1) > 0$，$C''(\pi_1) > 0$（边际成本递增），其中 δ_1 为供应商的贴现因子。δ_1 越大，说明供应商对未来收益的心理预期越高，供应商就越有耐心。假定供应商在谈判中追求的是自身经济利益极大化，成本最小化。于是局中人 1 的支付函数为：$u_1 = \sum_{t=1}^{N} \delta_1^{t-1}(\pi_1 - D_t) + \sum_{t=N+1}^{T} \delta_1^{t-1}\pi_t - TC$，其中 N 为组织与供应商合同期数，T 为供应商内部人关注的收益年限。关于此支付函数的第二项 $\sum_{t=N+1}^{T} \delta_1^{t-1}\pi_1$，研究认为，供应商在与组织的交易结束之后，其收益仍然与组织相关。换句话说，供应商将从组织的长期关系管理中受益。

① 这里的 π_1，π_2…不考虑贴现仅是为了简化起见，后文在计算局中人的支付函数时，将对其进行贴现。

假定组织战略目标的实现程度与合同实施程度成正比，组织的支付函数大意味着组织战略目标最大化，则设局中人 2 的支付函数为 $u_2=\sum_{t=1}^{N}\delta_2^{t-1}kD_t=k\sum_{t=1}^{N}\delta_2^{t-1}D_t$，其中：N 为合同期数，$k>0$，$\delta_2$ 为组织的贴现因子，贴现值越大，说明组织对未来收益的心理预期越高，组织也就越有耐心。约束条件：$0\leqslant D_t\leqslant\pi_t$，$\sum_{t=1}^{N}D_t\leqslant D$，$\pi_t=\pi_{t-1}+f\ (\pi_{t-1}-D_{t-1})$，$t\geqslant 1$，其中：D 为合同时序总量。对于约束条件 $0\leqslant D_t\leqslant\pi_t$ 即“组织支付的合同时序量小于当期所得利润”，值得说明的是：若 $D_t\geqslant\pi_t$，可能组织通过向银行贷款等手段来支付合同时序量，这时，对于局中人 1 来说，虽然其支付函数 u_1 的第一项为负，但是其第二项将增加，所以，从局中人 1 的角度，约束条件 $0\leqslant D_t\leqslant\pi_t$ 不影响其实践真实性。对于局中人 2 来说，当局中人 2 要求局中人 1 支付高于其当期利润流 π_t 的合同时序量 D_t 时，现实情况一般是局中人 2（比如一个建设单位）会预付资金或借款给局中人 1（供应商），所以，假设 $0\leqslant D_t\leqslant\pi_t$ 是有现实意义的。

局中人 1 的战略空间为 $S_1=\{$(实施，不实施)，π_1，$\pi_1\in[0,\ \infty]\}$；

局中人 2 的战略空间为 $S_2=\{(D_t),\ D_t\in[0,\ \pi_t],\ \sum_{t=1}^{N}D_t\leqslant D,\ t=1,\ 2,\ \cdots,\ N\}$。

局中人 1 若在实施后选择了努力程度 π_1，则局中人 2 的最优选择满足：

$$\max_{\{D_t\}} u_2=k\sum_{t=1}^{N}\delta_2^{t-1}D_t,$$

$$\text{s.t.}\quad 0\leqslant D_t\leqslant\pi_t$$

$$\sum_{t=1}^{N}\delta D_t\leqslant D,\ t=1,\ 2,\ \cdots,\ N \tag{1}$$

设式（1）的解为 $\{D_t^*\}$，则因：

$$\begin{aligned}\pi_t &= \pi_{t-1} + f(\pi_{t-1} - D_{t-1}) \\ &= \pi_{t-2} + f(\pi_{t-2} - D_{t-2}) + f\{\pi_{t-2} + f(\pi_{t-2} - D_{t-2}) - D_{t-1}\} = \cdots \\ &= \pi_1 + f(\pi_t - D_t) + \cdots \\ &= F(\pi_1, D_1, \cdots, D_{t-1}),\ t = 2, 3, \cdots\end{aligned}$$

故根据式（1）必有 $D_t^* = D_t^*(\pi_1)$ （2）

式（2）给出了局中人 2 对于局中人 1 选择了 π_1 后的反应函数。

给定该反应函数，局中人 1 选择最优 π_1 极大化自己的支付：

$$\max_{\{\pi_1\}} u_1 = \sum_{t=1}^{N} \delta_1^{t-1}(\pi_t - D_t^*) + \sum_{t=N+1}^{T} \delta_1^{t-1}\pi_t - \sum_{t=1}^{T} \delta_1^{t-1}C(\pi_1)$$

$$\text{s.t.} \quad \pi_1 \geqslant 0 \qquad (3)$$

记式（3）的解为 π_1^*。若 $u_1(\pi_1^*) > 0$，则均衡为：{（实施，π_1^*），（D_t^*），$t = 1, 2, \cdots, N$}；若 $u_1(\pi_1^*) < 0$，则均衡为：{（不实施，*），（*）}，其中 * 表示相应行动空间中的任意元素。

解此模型需要复杂非线性动态规划方法。在本书中，为了定性说明供应商和组织之间的博弈行为，将其处理为一个三阶段模型，既可直接求解，又足以反映一般情况。

四、一般模型含义分析

从一般模型中可以看到，若 u_1（π_1^*）> 0，则均衡为：{（实施，π_1^*），（D_t^*），$t = 1, 2, \cdots, N$}；若 $u_1(\pi_1^*) < 0$，则均衡为：{（不实施，*），（*）}，其中 * 表示相应行动空间中的任意元素。

组织对供应商实施合同管理可分为积极性支持和非积极性支持两种。组织的积极性支持行为表现为：主动采取各种有利于合同实施的措施，如提前一定的时间通知合同时序量、动用自身资源关系配合供应商的运输等，来促进合同实施；组织的非积极性支持行为表现为：默许供应商的合同时序量（很有可能是满足供应商要求而不能满足组织自身战略要求的），消极等待供应商实施合同。供应商参与合同的行为一般也有两种：积极介入和消极介入（甚至不介入）。

根据博弈均衡，当组织采取积极性支持政策从而帮助 $u_1(\pi_1^*)>0$ 时，供应商最优选择是“实施”。这时，参与合同的双方处于博弈均衡状态，结果是双方都受益。当组织采取非积极支持性政策从而使得 $u_1(\pi_1^*)<0$ 时，实施合同的高成本将由供应商独自承担，供应商最佳的选择是“不实施”合同。这时组织和供应商也处于博弈均衡状态，结果是双方的长远利益均受到损害。

通过模型分析可以看出：积极的关系管理可以使供应商按照符合组织战略需求的合同时序量实施合同。对于供应商，应该“软、硬兼施”，“软”是通过适当的公共关系提高供应商认知、情感等态度因素，即使得供应商内部人的贴现值增大；“硬”是给出“若供应商选择消极措施，组织也将采取消极措施，双方均将受损”的威胁信号。按照博弈的基本原则，战略必须是完全的，因为“人不犯我”的均衡完全是因为“人不犯我，我不犯人；人若犯我，我必犯人”的完全战略的存在。所以，所谓的“硬”并不是要真的“一损俱损”，只是为了导向双方最优的策略选择——合作式竞争。

五、三阶段 Stackelberg 模型

将上述模型做一个简化，令 $N=2$，$T=3$，此时，$t=1$、2 分别表示将供货全周期划分成两个阶段，每一阶段为组织的一个物资集中需求周期，而 $T=3$ 代表了合同执行后的所有时期，形成一个三阶段 Stackelberg 动态博弈模型。合同实施完成后，虽然组织不再有关于此合同的时序量要求，供应商不再有关于此合同的努力、利润和成本，但是双方仍然存在长期合作关系，在实践中，除了对

新合同的预期，供应商甚至能够从组织那里得到合同关系之外的其他帮助。所以，三阶段建议对于供应商是合理的。在这样的处理下，虽然只是一个三阶段模型，但是能够代表一般情形，足以说明组织与供应商的博弈情形，具有很强的实践意义。

为了得出解析解，将 $C(\pi_1)$ 的形式具体化，参照信息经济学中常用的方法，设 $C(\pi_1)=\frac{1}{2}b\pi_1^2$，其中 $b>0$ 代表成本系数，实施合同时供应商对于物资来源的努力、物资供应的战略部署、对运输方式进行控制等付出的单位成本越大，b 就越大，同样的努力 π_1 带来的成本越大，当组织对供应商实施合同提供一定的帮助，则有助于降低 b 的数值。在此成本公式下，有：

$$u_1=\pi_1-D_1+\delta_1(\pi_2-D_2)+\delta_1^2\pi_3-\frac{1}{2}b\pi_1^2(1+\delta_1+\delta_1^2) \tag{4}$$

$$u_2=k(D_1+\delta_2D_2) \tag{5}$$

下面求解（D_t^*），$t=1$，2

$$\text{Max } k(D_1+\delta_2D_2)$$

$$\text{s.t.}\quad 0\leqslant D_1\leqslant\pi_1,\ 0\leqslant D_2\leqslant\pi_2=\pi_1+f(\pi_1-D_1),\ D_1+D_2\leqslant D$$

局中人 2 的无差异曲线为 $D_2=u_2/k\delta_2-(1/\delta_2)*D_1$，因最大的 u_2 受制于合同时序总量和供应商当期利润，又 $0\leqslant\delta_2\leqslant1$，在这种情况下，最优解有几种可能，最优解可能处于 D_1 轴上，也可能处于 $D_1=\pi_1$ 线上，见图 3-3 中的（a）。这时，局中人 2 组织在第一期得到全部的合同时序量。这与模型的假设和现实情况不符。所以，考虑实践意义，这里只考虑 D 也就是合同时序总量充分大的角点解，见图 3-3 中的（b）。此时，组织不能得到全部的合同时序量，只能追求尽可能多的时序量。此时，最优解是局中人 2 的无差异曲线与曲线 $D_2=\pi_1+f(\pi_1-D_1)$ 的切点，故有：

$$\frac{1}{\delta_2}=f'(\pi_1-D_1)$$

$$D_2=\pi_1+f(\pi_1-D_1)=\pi_2 \tag{6}$$

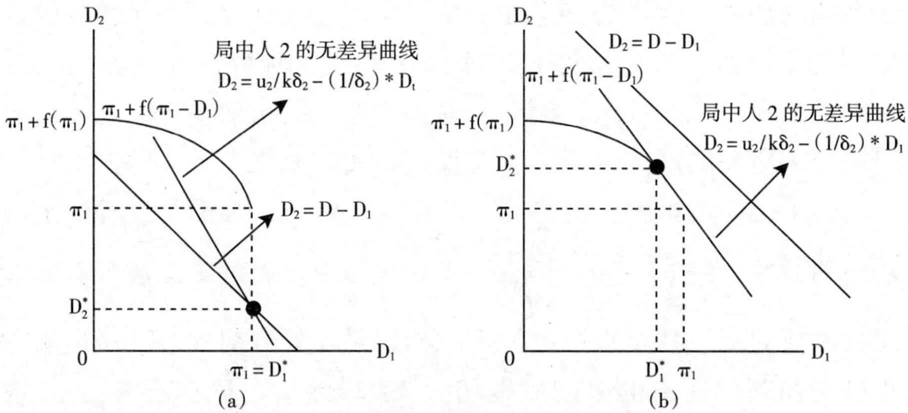

图 3-3 三阶段 Stackelberg 动态博弈最优解

资料来源：蒲勇健，杨秀苔. 国有企业债转股中的股权回购讨价还价博弈模型［J］. 现代管理科学，2002（1）：16-20.

故 $\pi_1 - D_1 = A > 0$ 为常数，$\pi_2 - D_2 = 0$，由式（4）得：

$$u_1 = A + \delta_1^2(\pi_2) - \frac{1}{2}b\pi_1^2(1 + \delta_1 + \delta_1^2) \tag{7}$$

令 $\frac{du_1}{d\pi_1} = \delta_1^2 - b(1 + \delta_1 + \delta_1^2)\pi_1 = 0$

$$\pi_1 = \frac{\delta_1^2}{b(1 + \delta_1 + \delta_1^2)}$$

故最优解为：

$$D_1^* = \frac{\delta_1^2}{b(1 + \delta_1 + \delta_1^2)} - A \tag{8}$$

$$D_2^* = \frac{\delta_1^2}{b(1 + \delta_1 + \delta_1^2)} + f(A) \tag{9}$$

$$\pi_1^* = \frac{\delta_1^2}{b(1 + \delta_1 + \delta_1^2)} \tag{10}$$

$$u_1 = A + \delta_1^2 f(A) + \frac{\delta_1^4}{2b(1 + \delta_1 + \delta_1^2)} > 0 \tag{11}$$

故均衡时局中人 1 会在第一个决策结上选择“实施”，子博弈精炼纳什均衡为：

$$\left[\text{实施，}\left(D_1^* = \frac{\delta_1^2}{b(1+\delta_1+\delta_1^2)} - A,\ D_2^* = \frac{\delta_1^2}{b(1+\delta_1+\delta_1^2)} + f(A)\right),\ \pi_1^* = \frac{\delta_1^2}{b(1+\delta_1+\delta_1^2)}\right]$$

六、三阶段模型含义分析

根据式（5），因为 k、D_1、$D_2>0$，所以，δ_2 越大，u_2 越大，即组织在博弈中贴现值越大，组织实现战略性项目的可能性越高。较大的贴现值在这里解释为组织能够着眼长远的所得（这恰恰是对待战略性项目的态度），这就要求对关系管理的信心和努力。

根据式（8）、式（9），b 越大，合同时序量 D 越小，说明当组织未提供合作，使供应商内部物资调配失效或由于运输等原因导致努力的成本越高时，则对供应商的激励越小，供应商的最优努力程度就越低，组织所能要求的最佳合同时序量也会降低，组织获得的收益也随之减少。

由式（11），因为 A、b、$f(A)>0$，所以，δ_1 越大，u_1 越大，即供应商内部人贴现值越大，供应商的所得越大。贴现值越大，指供应商越着眼长远利益，不轻易放弃合同。这就要求组织能够通过关系管理引导供应商，使其能够相信合作的长期性。

综上所述，组织与供应商的非合作性博弈中，供应商是否实施合同、合同时序量、双方的收益等在很大程度上受博弈双方关系的影响，贴现值所反映的双方对长远合作利益的信心越大，双方的支付越高。对于组织来说，需要对双方博弈加以引导，通过给供应商提供适当的合同实现条件降低供应商努力成本，从而实现最优合同时序量；通过积极的关系管理增强双方合作信心，从而提高双方支付，实现双赢。组织对关系管理的力度决定了其对供应商行为的激励作用。

第二节　案例分析

2007年末，因为对民主的理性追求，包括厦门市民众和政府官员在内的整体厦门人作为一个群体当选《南方周末》年度人物，“厦门PX项目”这个词汇开始渐渐淡化。然而直至2009年，仍然有人“坚定地”认为“厦门失去了一次机会”。在经济发展的历程中，这样的故事不是双赢就是双输。理性的人们要追问的是：是什么让厦门和翔鹭石化都失去了重大机会?①

本章论述的基于完全信息博弈模型的项目利益相关方关系管理（PSRM）模型对此提供了一个解释。PSRM模型认为在企业与项目利益相关方的非合作博弈中，项目利益相关方是否履约以及合同实施的程度取决于企业对博弈双方长远合作关系的引导，企业如果加强关系管理，将激励其按照企业要求的合同时序量履约，从而实现双方最优的策略选择——合作式竞争，最终实现企业自身的项目目标乃至战略目标。反之，如果企业在PSRM的运作上差强人意，就可能导致战略失败。

本节首先对厦门PX项目演变为漳州古雷石化项目过程中的关键事件资料进行收集、归纳整理和分析，然后运用PSRM模型对这个案例从遭遇民众抵制到成功选址的过程进行深层次分析，以研究一个事关政府和企业发展战略的重大项目，如何最终借助PSRM而成功实施。案例验证了模型结论，揭示了模型的内涵。研究最后总结了重大石化项目实施PSRM的几点启示。

① 这样的论调与常见的舆论导向似乎并不一致，但是设想如果PX项目能真正运作PSRM，污染减到最少，在这样的前提下，考虑到投产后预计每年800亿元的增量工业产值以及由此带来的辐射效应、就业效应，理性地说，厦门失去了一次发展的机会。

一、案例——厦门 PX 项目实录

PX 项目，厦门有史以来投资最大的工业项目，从 2007 年 5 月 30 日缓建启动，到 2007 年 12 月中旬的环评座谈会，成为广受公众关注的热点。

本小节选用此实例来验证 PSRM。案例采用节选官方报道进行阐述，以尽量体现客观性、权威性。除特别标注外，以下资料节选自厦门日报社主办的厦门市最大的门户网站“厦门网”相关报道。

PX 项目——大陆最大的台资石化企业的战略性项目

中国台湾网 2005 年 5 月 17 日消息　据香港文汇报报道，备受两岸石化界关注的厦门海沧 80 万吨对二甲苯（PX）项目有望于今年二、三季度期间正式激活，预计 2007 年正式投产后，将成为大陆最大的 PX 生产厂，也将是大陆目前唯一一条由台资完成整合的石化产业链。PX 的开建，对目前大陆最大的台资石化企业——厦门翔鹭集团来说，意义重大。

按照现任翔鹭集团总裁俞新昌的战略构想，两年后，翔鹭将形成 80 万吨的 PX 厂原料支持年产 270 万吨的 PTA（精对苯二甲酸）生产线，270 万吨的 PTA 支持 80 万吨的聚酯化纤生产，从而实现翔鹭从上游至中游再至下游的化纤产业链垂直整合，达到原料自给自足目标。为完成轻油裂解—石化原料—化纤垂直整合的石化集团目标，总投资 14.2 亿美元的 PX 激活进入倒计时。

俞新昌还表示，至 2008 年，翔鹭集团已投入和即将投入的资金将突破 30 亿美元，实现总产值 500 亿元人民币，届时可与中石化、中石油和中燃集团并列成为大陆石化“四巨头”。

俞新昌还透露，在 PX 项目之后，翔鹭集团还将计划争取轻油裂解厂建厂许可，再向上游整合产业链为 PX 提供原料。

资料来源：http：//news.sohu.com/20050517/n225597079.shtml.

PX 项目落户海沧　总投资 108 亿元（日期：2006-09-04）

本报讯（记者：杨继祥　海沧记者站：庄梅芳、林广明）记者昨日从海沧获悉，总投资额达 108 亿元人民币的 PX（对二甲苯）项目日前通过国家相关部委的批准，正式落户海沧。该项目将于年底开工建设，建成后将成为我国内地最大的 PX 生产企业。

据了解，腾龙芳烃（厦门）有限公司 80 万吨/年对二甲苯项目及配套工程项目由 PX 厂、热电厂、码头及中转罐区组成。该项目建成后，翔鹭集团每年将形成 80 万吨的 PX 厂原料支持年产 270 万吨的 PTA（精对苯二甲酸）生产线，270 万吨的 PTA 支持 80 万吨的聚酯化纤生产，形成一条石化产业垂直整合带。

院士联合全国政协委员提交迁址建议

2007 年 3 月，中科院院士、厦门大学化学系赵玉芬教授联合 105 名全国政协委员提交“关于厦门海沧 PX 项目迁址建议的提案”。

资料来源：http：//www.infzm.com/enews/20071227/tt/200712/t20071226_ 33291.htm.

为在更大范围进行环评论证　我市决定暂缓建设海沧 PX 项目（日期：2007-05-31）

本报讯（记者）昨日上午，厦门市人民政府召开新闻发布会，常务副市长丁国炎代表厦门市人民政府发布消息称，经市政府第五次常务会议研究，决定暂缓建设海沧 PX 项目。

丁国炎说，最近一段时间以来，一些学者和市民对海沧 PX 项目的建设提出了一些看法和建议，舆论也进行了积极的关注，这些都充分体现出大家对厦门这座城市的关心和爱护，体现了对厦门发展的关心和支持。政府是充分理解和肯定的。近段时间以来，市政府一直在进行研究，认为有必要在原有项目环评基础上扩大环境评估范围，在3月份就委托权威的环评机构在更大范围内进行区域规划环评，同时积极向上级有关部门汇报沟通，得到了上级部门的理解和支持，市政府第五次常务会议决定暂缓建设该项目。

市政府通报PX项目意见建议征求情况（日期：2007-06-04）

本报讯（记者）昨天下午，厦门市人民政府召开新闻发布会，厦门市人民政府秘书长许明耀通报了近期我市就PX项目向广大市民群众征求意见和建议的情况，并表示欢迎社会各界和市民群众继续通过正常渠道向市政府反映意见和建议。

厦门市重点区域（海沧南部地区）环评报告昨日公布；公众可通过四种途径反映意见建议（日期：2007-12-06）

本报讯（记者：黄怀）从昨日开始，厦门市城市总体规划环评进入公众参与阶段。在十天之内，您可以通过厦门网www.xmnn.cn查阅由中国环境科学研究院完成的《厦门市重点区域（海沧南部地区）功能定位与空间布局环境影响评价》（简本），并通过信函、电子邮件、专线电话、座谈会等方式文明理智、依法依规客观地反映意见，提出建议。中国环境科学研究院专家将客观、公正、全面地反映公众参与过程收集的市民意见和建议，并将相应内容纳入环评报告。

公众参与渠道畅通　市民文明理智建言（日期：2007-12-07）

本报讯（记者：黄怀、殷磊）厦门市城市总体规划环评12月5日进入公众参与阶段，《厦门市重点区域（海沧南部地区）功能定位与空间布局环境影响评价》（简本）在厦门网及厦门商报和厦门晚报全文刊登。记者昨日从有关部门获悉，两天来广大市民通过电子邮件、专线电话等方式积极反映意见和建议，截至 12 月 6 日下午 6 时，共接收专线电话 691 通次，电子邮件 1250 件。

规划环评公众参与综述：公开公正体现尊重和信赖（日期：2007-12-16）

两天来，厦门宾馆明宵厅内，100 名通过自愿报名、随机抽号确定的参会市民和市区两级人大代表、政协委员围绕《厦门市重点区域（海沧南部地区）功能定位与空间布局环境影响评价报告》发表自己的意见和建议。

从 12 月 5 日到 12 月 14 日，海沧南部地区规划环评公众参与的 10 天，厦门市政府和环评单位以诚意和责任，确保百姓知情权、参与权和监督权，开全国之先河，本着公开、公正、广泛和便利的原则，畅通言路，听取社会公众各方面的意见和建议。而厦门的人民以良好的公民素养，以积极的态度、理性的思考、文明的建言，使这次规划环评公众参与活动能够顺利进行。

厦门 PX 项目　续建、停建还是迁建（日期：2007-12-20）

不同的群体，从 PX 项目这个特殊的大项目中，读出了不同的意味。厦门民众关注的是：紧临市区的海沧南部地区，究竟应该优先发展石化工业区，还是城市次中心？经济界关心的是：作为与国计民生相关的大型化工项目，如何更好地趋利避害，把对环境的影响降至最低限度？政府官员考虑的是：在重大项目的决策上，如何更好地依法行政，落实科学发展观？

我市今年六项措施全力抓好污染减排工作（日期：2008-03-13）

一是严格控制增量，把好新建项目审批关，做到“四不批”，即不符合国家产业政策的项目不批；高耗能、高污染的项目不批；不符合清洁生产和综合利用的项目不批；公众参与和市民反映强烈的项目不批。二是加大专项资金扶持力度，推广应用高新技术，抓好重点工业企业和污水处理厂等主要污染物减排工程的实施。三是抓好非电行业燃煤锅炉更新改造，全面推广使用水煤浆。四是继续鼓励和扶持企（事）业和居民小区生活污水处理回用零排放工程建设。五是推进污水处理厂尾水和仙岳山污水渗灌山林（绿）地工程建设。六是建立和完善主要污染物总量减排统计、监测和考核体系，确保年度主要污染物减排目标的实现。

资料来源：厦门市政府官方网站，http：//www.xm.gov.cn/.

以下为该项目迁建为漳州古雷石化项目后的报道，与 PX 项目时的高调相比，此时的报道开始显得简短、低调。

2007 年 12 月 15 日，福建省政府召开所有省委常委参加的专项会议，决定迁建厦门海沧 PX 项目，预选地为漳州市漳浦县的古雷半岛 。

2008 年 5 月 25 日，漳州市与翔鹭集团旗下的腾龙芳烃（厦门）有限公司正式签订投资协议书。

2008 年 9 月 11 日，PX 项目环评第一次公示。

2008 年 9 月 20 日，古雷征地正式启动。

2008 年 11 月 6 日，PX 项目环评第二次公示。

2008 年 11 月 25 日，环保部受理翔鹭集团 PX 项目和 PTA 项目环评申请。

2009 年 1 月 9 日，国家环保部常务会议上，PX 项目获得“原则通过”。

2009 年 1 月 12 日，国家环保部网站公布 32 项拟批准的建设项目环境影响报告书（表），迁建漳州古雷半岛的原厦门 PX 项目在列。

2009 年 1 月 20 日，国家环保部正式批复翔鹭集团的 PX 和 PTA 两个项目。

2009 年 5 月 8 日，福建漳州古雷石化启动项目举行了开工仪式，计划于 2011 年第一季度试产。总投资约 188 亿元，计划于 2011 年试生产，投产后预计每年可增加 800 亿元工业产值。

资料来源：

厦门市人民政府官方网站，http：//www.xm.gov.cn/.

厦门网（厦门日报社主办、厦门市最大门户网站），http：//www.xmnn.cn/.

南方周末官方网站，http：//www.infzm.com/.

搜狐新闻，http：//news.sohu.com/.

中国新闻网，http：//www.chinanews.com.cn/.

二、案例分析

本案例中的 PX 项目明显跨越了组织边界，处在多个利益相关方组成的价值网络中。现有的项目管理办公室、项目群管理、阶段门审查等项目管理机制无法解决这类跨越组织界限的战略实施问题。本章博弈模型建议的项目利益相关方关系管理（PSRM）可用以解释和提供建议。

1. 关键事件统计

尽管该项目迁建为漳州古雷石化项目后的报道简短低调，报道中却开始注重环境安全的交代。从搜集到的新闻报道对关键事件进行分析可以发现翔鹭集团运作 PSRM 过程的清晰脉络，它可以归纳为两个阶段：2005 年 5 月至 2007 年 12 月为第一阶段，该阶段的 PSRM 行为不太突出，初期比较少地关注到公众这个关键利益相关方，表现为零星报道中提及的拆迁补偿等行为，然而并未关注到公众的最大需求——环境安全，直到 2007 年 6 月在利益相关方的多方推动下，企业进行了信息披露，是一种被动的 PSRM 行为；2007 年 12 月至今为第二阶段，从关键事件信息中可以看出，该阶段企业将对公众这个关键利益相关方的 PSRM 放在首位，企业随后的行为多围绕公众的满意度进行，并且是主动进行的。翔鹭石化集团以尽力满足公众的 PSRM 为手法希望获取战略性项目的胜利，这一点可以通过考察翔鹭石化集团的两个阶段 PSRM 运作情况统计表中得到验证（见表 3-1）。

表 3-1 翔鹭石化集团运作 PSRM 情况统计

阶 段	关键事件数量	其中企业运作 PSRM 的关键事件数量	企业运作 PSRM 的关键事件数量占总关键事件数量之百分比（%）
2005 年 5 月至 2007 年 12 月	9	3	33
2007 年 12 月至今	10	6	60

注：关键事件以前文中摘抄的媒体集中报道，特别是对此事件密切追踪的“南方周末”的报道为准进行统计；由于项目利益相关方公众的利益诉求是环境安全，所以“企业运作 PSRM 的关键事件数量”的衡量以“环评公示”、“召开环评座谈会”、“环评申请”等字眼为准。

从表 3-1 可以看出，前后两个阶段企业运作 PSRM 的关键事件数量占总关键事件数量的百分比几乎达到了 1∶2，如果再着眼企业是否主动运作 PSRM，第一阶段企业几乎为 0。这样的比重强烈验证了 PSRM 在此事件中的重要角色。

2. 博弈模型分析

基于威勒和西兰琶（Wheeler 和 Sillanpaa，2002）的利益相关方分类法（见图 3-4），案例中项目的利益相关方除了无法发言的自然环境、非人类物种、人类后代等，反响最大的利益相关方体现为投资者企业自身、公众、政府、以专业技术人员为代表的文明社会、媒体等，他们在博弈中的位置举足轻重。下面研究以案例中最为突出的利益相关方企业与公众的博弈为例，说明项目利益相关方

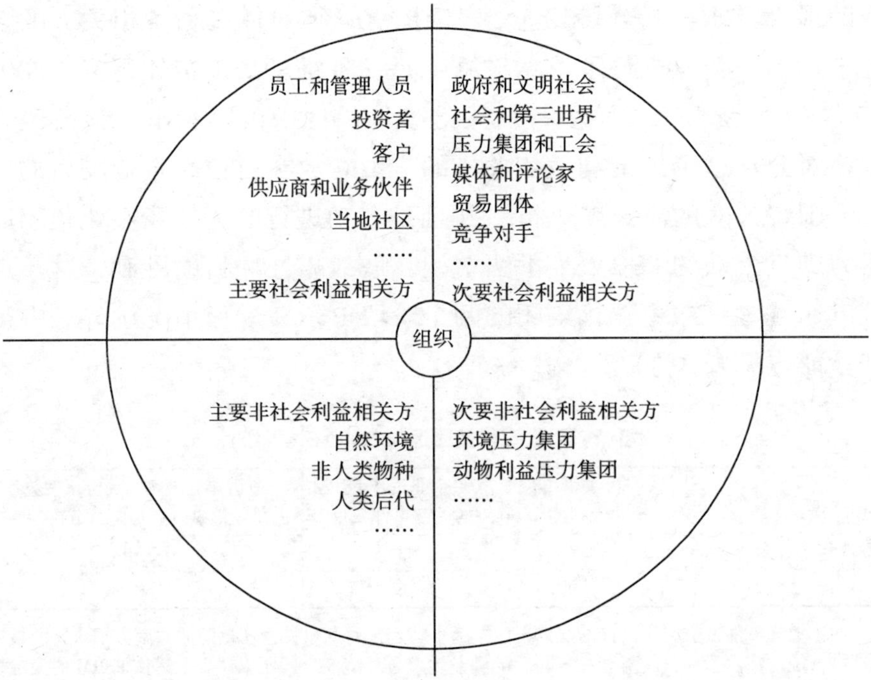

图 3-4 利益相关方

资料来源：威勒，西兰琶. 利益相关者公司［M］. 北京：经济管理出版社，2002.

关系管理的重要性。①

根据案例，PX 项目是组织战略中不可或缺的一环，对于组织战略的实现有着十分重要的作用。聚酯化纤产品基本生产流程是：原油—PX—PTA/EG—聚酯切片—涤纶长丝/短纤—纺织面料—服装。目前国内石油化工产业中，PX、PTA、MEG 这三种原料生产能力不强，而聚酯产能发展相对其上游产品供应却要“快半拍”，聚酯生产经常处于“等米下锅”状态。按照当时组织的战略构想，总投资 14.2 亿美元的 PX 项目，将形成 80 万吨的 PX 厂原料支持

① 这个博弈中有一个非常重要的参与方，就是政府。在具体的案例中，厦门市政府以其民主和并不以 GDP 为唯一准绳的形象获得了公众的一致认可，虽然公众和政府的意见最初并不一致，但是在博弈的关键节点处，政府尊重人民的意愿并据此做出决策。由此，研究把厦门市政府作为公众的代言人，并不考虑政府在此博弈中产生的第三方作用力。

年产 270 万吨的 PTA（精对苯二甲酸）生产线，270 万吨的 PTA 支持 80 万吨的聚酯化纤生产，从而实现翔鹭集团从上游至中游再至下游的化纤产业链垂直整合，达到原料自给自足目标，从而完成轻油裂解—石化原料—化纤垂直整合的石化集团目标。

模型中所论述的利益相关方之一虽然是供应商，但实际上除企业之外的其他各利益相关方在博弈中处于类似的位置（均对项目的实现存在影响和被其影响、为项目目标的实现付出成本、给予项目不同的支持时序量并要求从企业战略性项目中获得效用），所以，可以将模型中的供应商替换为公众。在这里，相应的模型变量为：局中人 1 为公众、局中人 2 为企业，u_1、u_2 分别是局中人 1、2 的效用，D_1、D_2 分别可视作公众给予企业不同时期的支持时序量（相对于反对、抗拒等负的支持时序量，现实中公众不参与、不反对即可视为对企业正的支持时序量），b 视作公众为支持项目付出的成本，δ_1、δ_2 分别为局中人 1、2 的贴现值，或称为其对未来所得的预期和耐心。这时以上博弈模型的结论如下：

$$u_2 = k(D_1 + \delta_2 D_2) \tag{5}$$

$$D_1^* = \frac{\delta_1^2}{b(1 + \delta_1 + \delta_1^2)} - A \tag{8}$$

$$D_2^* = \frac{\delta_1^2}{b(1 + \delta_1 + \delta_1^2)} + f(A) \tag{9}$$

$$u_1 = A + \delta_1^2 f(A) + \frac{\delta_1^4}{2b(1 + \delta_1 + \delta_1^2)} > 0 \tag{11}$$

（1）项目选址要充分考虑 PSRM。从式（5）来看，因为 $k > 0$，若 D_1、$D_2 > 0$，则 δ_2 越大，u_2 越大，即企业在博弈中贴现值越大，越有可能实施本项目。较大的贴现值在这里解释为企业能够关注长远目标、着眼长期的关系管理。这是正常情况下的博弈情形。当一个企业着眼长期利益，对公众有长期的关系管理，则 δ_2 增大，从而 u_2 也就越大。本案例的初期，由于各种原因（比如一定程度上企业没有意识到选址与当地规划的冲突在局中人 2 公众意识中的严重程度)，造成 D_1、D_2 均为负，所以，u_2 即企业的效用为负，迁离厦门成为可能（在另一利益相关方政府的作为下成为事实）。而后期，由于选址时充分考虑到 PSRM，支持时序量 D_1、D_2 总体为正，使得为正，项目实施成为可能。

（2）公众感觉到的环境成本大小影响对项目的支持。根据式(8)、式（9），公众付出的成本 b 越大，支持时序量 D 越小，说明当局中人 2 企业忽视局中人 1 公众对环境的要求，后者感觉到付出的环境成本偏高，这时即便该项目能够带来一定的效益，公众受到的激励仍然趋低，从而公众支持时序量趋低，表现为不支持项目。本案例中的项目在厦门的情形正是此种情况。

（3）项目成功的关键在于应用 PSRM 对公众进行积极性引导。案例中，公众的支持与否通过政府行为的强化，严重影响了项目的成功进而影响企业的战略成功。PSRM 模型中局中人 1 的战略空间为 $S_1=\{$(实施，不实施)，π_1，$\pi_1\in[0,\ \infty]\}$，所以，局中人 1 公众对项目可以选择支持，也可以选择不支持。从一般模型中可以看到，当公众感觉到效用为负数（$u_1(\pi_1^*)<0$)，则均衡为：{(不支持,*),(*)}，不管企业作何努力都无法改变现状。而当公众的效用 $u_1(\pi_1^*)>0$ 时，公众最优选择是“支持”。如何使公众感觉到效用为正呢？关键在于企业对公众付出的关系管理努力。在 PSRM 模型中，企业对公众存在积极性引导和非积极性引导两种。企业的积极性引导行为表现为：主动使用项目利益相关方关系管理(PSRM)，采取各种有利于使公众理解、支持项目的措施，如使项目与城区保持合适的安全距离（下文中台塑集团麦寮六轻项目的“填海”计划就是出于此种考虑)、在项目中采取切实可行的环保设施并告知公众、以可信服的前期行为作为自身值得信任和支持的信号、以项目利润回馈社区和公众、提供就业机会等来引导公众，使其效用为正；企业的非积极性引导行为表现为：默许公众的支持时序量（很有可能是满足公众要求而不能满足企业自身战略要求的，比如本例中厦门公众的支持时序量就是负的），消极对待公众。根据博弈均衡，前者可能使公众的效用 $u_1(\pi_1^*) > 0$，从而公众的最优选择是“支持”，双方处于博弈均衡状态，结果是双方都受益，企业战略得以实施而公众将分享就业机会以及 GDP 增长带来的其他好处。而后者使 $u_1(\pi_1{}^*) < 0$，此时，为了降低将要承担的污染高成本，公众最佳选择是“不支持”本项目（这种选择通过政府的支持得以实现）。这时双方处于另一个博弈均衡状态，结果是双方的长远利益均受到损害，公众失去了发展机会，而企业不能够实施其战略。

通过模型分析可以看出：积极的关系管理可以使公众按照企业战略需求提供支持时序量。企业要想在本项目取得成功，应该通过适当的关系管理（当然要以真正的环保行动作为基础）提高公众认知、情感等态度因素，使 $u_1(\pi_1^*) > 0$，则根据博弈模型，此时的均衡将转化为：$\{$(支持，π_1^*)，(D_t^*)，$t = 1, 2, \cdots, N\}$。

此案例在 2007 年选址尚不明朗时，根据 PSRM，作者当时曾经预见只有企业能够积极主动地进行 PSRM，项目才能成功。事实证明，漳州古雷石化项目的成功启动与企业的 PSRM 行为密不可分，比如，PX 项目中环保投资占去总投资额的 8%，这高于厦门 PX 项目当时的比例（5%~7%）。比如，承诺将在古雷设立由该市环保局直辖的环保分局，其中将建立一支环境监察大队以确保环保安全，等等。

与此案例构成有趣比较、最终成功实施企业战略——建立起一个完整的石化工业体系、实现了王永庆多年石化王梦的台塑企业“六轻”项目，其成功之路同样体现了 PSRM 的重要作用。

台塑六轻项目

同厦门翔鹭集团类似，台塑企业为纾解原料短缺之困境，于1973年开始，多次向政府提出兴建轻油裂解厂的计划，最后在1986年获核准兴建。计划获准后，首先选址宜兰利泽280公顷土地、桃园观音等地，均由于未全面考虑项目利益相关方关系管理而导致环保抗争、选址失败。在吸取经验教训后，经全面衡量项目各利益相关方利益，1991年开始在云林县麦寮乡着手填海造地及建厂计划。项目前四期总计投资6650亿元新台币（约200多亿美元），共填海造地2650多公顷，兴建了年炼原油2100万吨、年产乙烯135万吨的轻油裂解厂，以及麦寮港口、重型机械厂、汽电共生厂等50多个配套厂，涉及石化业上、中、下游业整个体系。正是考虑项目利益相关方关系管理下的“填海成金”计划，使得台塑集团营业规模突破一兆五千亿元，台塑集团走向另一高峰。其中集团在台湾近千亿的营业额中，六轻厂区的贡献就高达76%。

资料来源：

浙商网，http：//www.zjol.com.cn/.

中国台湾网，http：//2006.chinataiwan.org/.

台塑石化股份有限公司网站，http：//www.fpcc.com.tw/.

（4）项目成功选址后应继续应用PSRM提高公众效用。根据式(11)，因为A、b、f(A)>0，当公众内部人贴现值越大，其效用越大。贴现值越大，指公众能够相信企业的承诺和环保措施，足以从企业的现有努力看到长远利益，对项目有信心。项目已成功选址，企业仍应通过关系管理引导公众，使其能够相信项目与社区的长久利益，如此方能保证公众对项目的持续支持时序量。项目的成功选址只是企业发展战略的一小步，为了项目的成功实施，从而实现企业发展战略，未来企业应继续实行PSRM以提高公众效用。重大石化项目是否能够可持续发展，我们对漳州古雷石化项目拭目以待。

3. 案例分析结论

案例分析表明，PSRM 的确可以成为战略的实施方式。从厦门 PX 项目到漳州古雷石化项目，重大项目从最初遭遇阶段性挫折到最终成功选址落户，这里面可能有方方面面的原因，本书从项目对公众这个重要利益相关方的关系管理这个角度出发，通过资料的收集和基于博弈模型的演绎，力图证明通过有效的 PSRM 实现战略目标的可能性和巨大的运作空间。本书认为项目利益相关方关系管理对企业来说不仅仅是一项简单的可有可无的公共关系，它已经成为竞争中必须给予足够重视并充分开发利用的战略性运作。根据本书对厦门 PX 项目的项目利益相关方关系管理的分析结果，我们可以得出以下几个有意义的结论和启示：

（1）企业运作 PSRM 应是战略导向的。企业是否需要 PSRM、选择什么样的时机、如何开展 PSRM，实践中企业有两种表现：一是对 PSRM 的必要性和运作未进行过系统思考，只是在当企业感受到项目利益相关方的要求给本企业造成压力时，才开始实施 PSRM。我们可称之为业务导向。二是企业从本企业的整体战略出发，着眼于建立持久有效的竞争优势，从战略性项目的开始就考虑到 PSRM 的必要性、安排 PSRM，我们可称之为战略导向。从厦门 PX 项目到漳州古雷石化项目，企业从正反两方面回答了战略导向的 PSRM 的必要性，证实了 PSRM 应该贯穿项目始终。

（2）运作 PSRM 应使利益相关方具备完全信息。企业运作 PSRM 的关键是让项目利益相关方满意，但在此之外应同时使公众具备完全信息。注意 PSRM 模型是基于完全信息博弈模型的。案例中，企业最初还是做了环保努力的，但是，当企业忽略利益相关方的知情权，从而公众未能领会企业意图的时候，PSRM 就是不彻底的，这是厦门 PX 项目选址失败的重要原因之一。而漳州古雷石化项目正是吸取了教训，采用公告、传媒、宣传册等手法让公众能够全方位获取完全信息。

（3）企业需努力方可达到理想博弈均衡。从一般模型中可以看到，若 $u_1(\pi_1^*)>0$，则均衡为：$\{($实施，$\pi_1^*)$，(D_t^*)，$t=1, 2, \cdots, N\}$；若 $u_1(\pi_1^*)<0$，则均衡为：$\{($不实施，$*)$，$(*)\}$，其中 * 表示相应行动空间中的任意元素。根据博弈均衡，当组织采取非积极支持性政策从而使得公众的效用 $u_1(\pi_1^*)<0$ 时，这时合同实施的高成本（对社区的污染）将由公众独自承担，公众最佳的选择是“不实施”合同。这时组织和供应商也处于博弈均衡状态，结果是双方的长远利益均受到损害。企业失去战略性项目的实施，而公众也失去一次巨大的发展机会。当企业采取积极性支持政策从而帮助公众的效用 u_1（π_1^*）>0 时，公众最优选择是“实施”。这时，参与合同的双方处于博弈均衡状态，结果是双方都受益。后者就是 PX 项目后期的状况。

第三节 本章结论

在现有研究中，项目管理机制通常局限于解决组织边界内部矛盾，比如组织内规则制定、资源调配、审查反馈，从而实施战略。当组织战略性项目涉及跨组织利益相关方时，战略目标如何得以实现，现有的文献却鲜有研究。本章试图从这个角度对本领域的研究做个补充。

对于组织与其跨组织项目利益相关方的博弈，本书通过对其边界条件的界定，借鉴、改造了蒲勇健等人的模型，构筑了一个项目关系管理的三阶段斯坦克尔伯格（Stackelberg，1934）动态博弈模型，并导出一个子博弈精炼纳什均衡。模型建议，在价值网络中，正确认识和处理好与项目利益相关方——项目供应商的关系非常重要，良好的供应商关系能使组织减少库存，降低成本，稳定原材料来源，提高组织的竞争能力，最终实现战略目标。

模型结论可以为组织决策提供相应的借鉴意义。例如，组织可以就物资的质量、价格、交货条件、付款方式和评价方式等问题建立公平合理的合约，以满足战略性项目的实施需求，最终满足组织战略目标的需求；可以了解供应商物资管理方面的需求，由于项目的战略重要性，当供应商处在管理困境中，组织应该给予积极的帮助，从而提升自身项目的成功率；可以提前、准确告知合同时序量以对供应商进行积极的支持；组织还应积极维护同供应商的关系，并对长远合作给予可信的承诺。又如，组织可以在必要时介入项目供应商的管理活动，协助解决供应商的具体困难。比如本田美国公司为供应商提供员工培训、协助供应商提高生产率和产品质量、为其提供可靠的技术支持等。本田汽车在美国销售量之大、品牌忠诚度之高，与其对供应商强有力的支持无疑有着密切的联系。

而案例分析更着眼另一项目利益相关方公众，验证了博弈模型的结论：项目利益相关方关系管理（PSRM）是组织实施战略的另一个重要的项目管理机制。在 PX 项目的项目利益相关方（以企业与公众为例）的博弈中，公众是否对项目给出支持时序量以及博弈双方的效用很大程度上受双方关系的影响，贴现值所反映的双方对项目长远利益信心越大，双方的支付越高。对于想要成功实施项目的企业来说，需要对博弈加以引导，通过建立在可靠的环保措施基础上的关系管理获取公众的最优支持时序量，增强双方合作信心，从而提高双方支付，实现双赢。企业的项目利益相关方关系管理（PSRM）力度决定了其对公众行为的引导和激励作用，从而决定了企业战略目标实现的程度。

就研究的总体框架而言，本章的论述有助于深入认识战略性项目中各跨组织利益相关方之间的关系，完善基于项目管理的战略实施理论。模型和案例虽然只是给出供应商、公众作为例子，但是，由于除企业外的各个利益相关方在模型中的位置是等同的，所以，本模型实际上提出了项目利益相关方关系管理（PSRM）这样一个项目管理机制，从另一个角度帮助实施战略。因此本书认为，在前人提出的项目管理办公室、项目群管理、阶段门审查等项目管理机制之外，项目利益相关方关系管理（PSRM）也是帮助实施战略的项目管理机制之一（见表 3–2）。

表 3–2　用以战略实施的项目管理机制

<table>
<tr><th>用以战略实施的项目管理机制</th><th>理论依据</th></tr>
<tr><td>项目管理办公室（PMO）</td><td rowspan="3">Thiry 和 Deguire（2007）、Morris 和 Jamieson（2005）、Turner（2002，2005）、Dietrich 和 Lehtonen（2005）、Milosevic 和 Srivannaboon（2006）等</td></tr>
<tr><td>项目群管理（PgM）</td></tr>
<tr><td>阶段门审查（GR）</td></tr>
<tr><td>项目利益相关方关系管理（PSRM）</td><td>作者通过博弈模型和案例研究论述</td></tr>
</table>

第四章　研究假设

第一节　相关变量

基于前文的研究，本书主要考虑“项目管理办公室”、“项目群管理”、“阶段门审查”和“项目利益相关方关系管理”这四个项目管理机制在低成本和差异化这两类业务战略与企业绩效关系中的中介作用①（见图 4–1）。

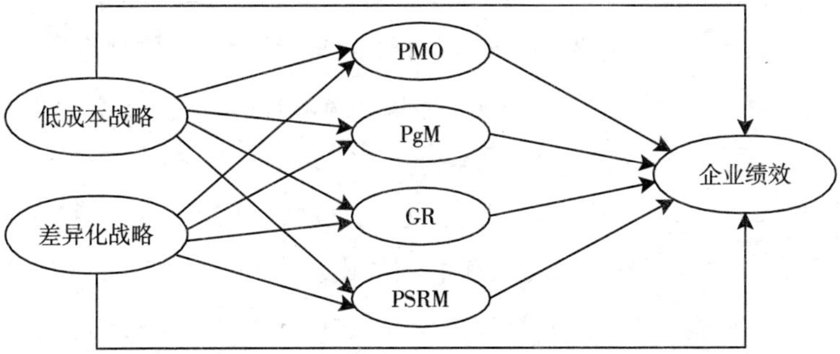

图 4–1　项目管理机制作为业务战略与企业绩效的中介变量

资料来源：作者整理。

---

① 现有研究的“战略”这个词汇既有公司战略又有业务战略（详见第二章），本书在实证研究部分选取的是业务战略这个层次。

一、关于战略类型

对业务战略进行分类（Typology）便于管理者在决定企业产出和外部市场规划时具有预见性，可以为复杂的现象建立秩序，为战略研究提供一个可理解的、简单的定位。对于业务战略，不同的学者提出了自己的分类。其中最经典的就是 Porter（1980）与 Miles 和 Snow（1978）的分类法。Porter 认为企业可以通过低成本、差异化以及在给定的市场分区中采取集中战略来最大化其绩效。在推出与竞争对手类似的产品时，低成本战略是有效的。这种方法通常在生产制造过程提升效率，表现为标准产品周期（Cycles）、基本的质量标准以及避免浪费。当价格是消费者决策中最重要因素时，强调效率将具有竞争性。相反地，当顾客需要独特的、超常的价值，比如在产品品质、特色功能、售后服务等方面有较高要求时，差异化战略将是有效的。这种战略倾向于强调创新和新产品开发。差异化战略导向市场成功不是因为其价格，而是因为成熟顾客的需求，这些顾客希望产品具有独特性并愿意为此支付更高的价格。Miles 和 Snow（1978）的框架区分了四种战略类型：探索型（Prospector）、防御型（Defender）、分析型（Analyzer）和反应型（Reactor）。探索型战略关注动态的不确定的环境，它们保持灵活性，通过创新来应对环境变化，通常会成为产业设计者；而防御型战略察觉到的环境是静态的、确定性的，因此，着力寻求稳定性，通过控制来获得效率最大化；分析型战略既强调稳定性也强调灵活性，试图对前面的两种战略类型进行最佳组合；反应型战略在战略选择上缺乏一致性，其绩效也比较差。

总的来说，虽然也有很多经验研究（如 Parnell，1997；Hambrick 等，1981）对 Miles 和 Snow（1978）提出的分类进行了经验检验，但还不像 Porter（1980）的模型那样广为接受。后者虽然因其概念局限性遭受批评，但是它的简单明了反而更能抓住战略定位的核心概念，为战略绩效与企业行为的度量和分类提供坚实的理论基础，从而更适合于经验研究。所以，本书也选取了波特的低成本战略和差异化战略作为业务战略的分类。[①]

二、关于项目管理机制

Turner（2002，2005）认为项目群管理可以比实施单个项目实现更高层次的战略目标，项目组合可以按照战略优先级对项目进行资源分配，实现项目之间的协同运作。Morris 和 Jamieson 认为“阶段门审查”（Gate Review）保证在项目管理过程的所有阶段（Stages），战略均处于项目团队的管理中。Thiry 和 Deguire 除了肯定项目群管理有助于对业务战略进行整合，从而有利于战略实施之外，提出组织可以通过项目管理办公室（PMO）的治理，将战略意图落实到项目和将项目实际情况回馈到组织层级从而重新塑造企业战略。Dietrich 和 Lehtonen（2005）对 Turner 等人（2002，2005）提出的实施战略的项目组合管理、项目群管理、阶段门审查等中间机制提供了经验证据。Srivannaboon（2006）通过实证研究证实企业内确实存在着各层面的连接项目管理和业务战略的机制：项目组合管理、内部协调机制（如 PMO）、“阶段门（Stage Gate）审查”等。综合前人的这些研究，本书将项目管理办公室、项目群管理、[②]阶段门审查三个重要项目管理机制作为本书探讨的对象。

---

① 实际上波特的业务战略类型分为三类：低成本战略、差异化战略、聚焦战略。本书之所以不采用第三类战略类型的原因在于：从某种经济学的意义来说，低成本和差异化可以被视作一个光谱上的两端，而聚焦战略无法在这个光谱上找到其位置。参见 Hill（1988）、Johns 和 Butler（1988）。也许正是因为这样的原因，如前所述，仅采用波特的差异化和低成本两种战略来进行实证研究具有长远的传统。

② 文献中常有项目群管理（Programme Management）与项目组合管理（Portfolio Management）两种提法。虽然二者在一定程度上有所区别，但实际上现有研究认为二者的概念多有重合（参见 Lycett，2004；程铁信，2004 等）。据此，为了研究的方便，本书对二者不予区分。

并且，在这些研究的基础上，经过第三章的论述，作者认为项目利益相关方关系管理（PSRM）作为一种项目管理机制的加入，与这些学者提出的项目管理机制一起，能够更好地完成战略实施的使命。因此，综合前人研究与本书的论述，本书选定项目管理办公室（PMO）、项目群管理（PgM）、阶段门审查（GR）、[①] 项目利益相关方关系管理（PSRM）四个项目管理机制作为研究的对象。

第二节 项目管理机制与绩效

一、PMO与绩效

PMO，也称项目办公室、项目支持办公室、项目群管理办公室、项目管理中心等。美国项目管理协会（PMI）认为PMO创造和监督整个管理系统，这个管理系统为有效实施项目管理行为和最大限度达到组织目标而存在。PMO在组织内部将实践、过程、运作形式标准化，使其可重复，同时它是组织提高项目分析、设计、管理、检查等方面能力的关键资源，这些都利于组织降低成本，从而提高企业绩效。PMO更易于监控趋势和注意全局问题。它向高级管理层提供信息和报告，并对冲突的解决提出建议。通过协助项目团队运用项目管理原则、方法、工具和技术，PMO有助于协调企业有限的资源，从总体上提高效率。所以，PMO能够帮助提高企业的绩效。

① 除了 Gate Review 之外，特别在产品创新领域，它还有 Stage Gate 等称谓。此处统一采用 GR 作为其简称。

德国学者 Schmidt 和 Preuschoff（2006）在全球范围的调查证明，PMO 的存在的确与企业绩效存在相关。如图 4-2 所示，在“组织中项目管理的组织方式”这个问题的“1.个别项目进行的”、“2.与直线组织整合的”、“3.以项目管理办公室等形式作为项目管理核心的”、“4.借助外部咨询的”四个题项中，选择“1”、“2”、“4”题项的企业，不成功的略占多数，百分率比成功企业多 1%~5%。只有选择题项“3”的企业中，成功企业占 34%，超过不成功企业（占 23%）。调查显示，全球范围内，采用以 PMO 等形式作为项目管理核心方式的企业，成功的概率大大提高。但调查也表明，PMO 的使用率有待提高。

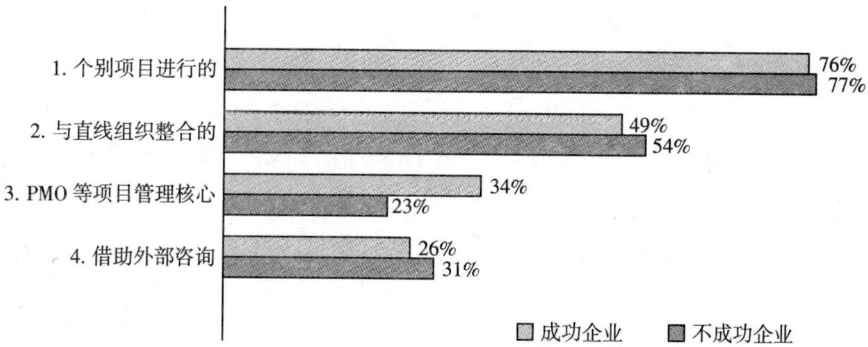

图 4-2 PMO 与企业业绩的关系

资料来源：Schmidt，K. and A. Preuschoff，Status and Trends in Project Management in a Global Context. Norderstedt，Germany：Book on Demand GmbH，2006.

由此，本书提出以下假设：

假设 1.1：PMO 与企业绩效存在正相关关系。

二、PgM 与绩效

Stawicki 等（2007）和 Lycett（2004）认为项目群管理（Programme Management）通过对一组相关的项目进行集成（Integration）和管理（Management）而实现一定利益，而当对单个项目采取独立的项目管理时，这一利益将无法实现。英国政府商务部（OGC）也认为，项目群管理提供的框架有助于通过对资源的整合和各种竞争性需求的协调而提升企业的绩效水平。Wijnen 等（2005）指出，项目群是一系列项目的组合，这些项目以目标为导向，在有限的资源约束条件下进行。比如，在房地产业中，房地产公司各地不同楼盘的宣传策划可由同一个团队来承担——这些不同楼盘的策划对于这个团队即是一个项目群。这些项目群可以共享专业能力、专业队伍、专业网络，这些项目群内的各个项目由共同的技术构成内在联系。单独管理上述项目群中的任一项目，都将无法与项目群中其他项目实现资源共享，从而导致浪费。项目群管理（PgM）就是对项目群的资源进行统一调配，以便于组织、协调，从而最终获取对公司具有战略性重要意义的利益。

基于以上论述，项目群管理可以帮助企业集中力量，通过项目群管理，企业有可能将相互矛盾的目标统一在一个项目群中，从而达到更好的绩效水平。Blomquist 和 Muller（2006）的研究表明：进行项目群管理的组织，其绩效会比未采取这种治理结构的要好。

由此，本书提出以下假设：

假设 1.2：PgM 与企业绩效存在正相关关系。

三、GR 与绩效

阶段门审查（GR）也被称为阶段审查、门审查等，[①] 是指当项目进行到某个关键环节时，或者当项目遇到内外环境的重大变化时，对项目进行的计划内或者计划外的审查，以便适当地调整或中

① 除了 Gate Review 之外，特别在产品创新领域，它还有 Stage Gate 等称谓。此处统一采用 GR 作为其简称。

止该项目。计划内阶段门审查是指企业已经事先规划的审查，例如，企业在项目可行性研究、设计等重要工作完成即将进入下一阶段如投产时对项目进行的审查；计划外阶段门审查是指在企业原定计划之外，由于外部环境的变动而被迫进行的审查，例如，“国六条”出台后房地产公司对项目进行相应的战略调整等。因此，GR可以在关键时刻对项目的战略适应性做出判断，在一定程度上减少不必要的项目支出，甚至删除与战略无关的项目，从而大幅度降低成本，提高企业绩效。Cooper、Kleinschmidt（2004）和 Anderson（1993）认为，阶段门审查有利于新产品的成功，从而可以给企业带来更高的绩效水平。

由此，本书提出以下假设：

假设 1.3：GR 与企业绩效存在正相关关系。

四、PSRM 与绩效

企业对项目利益相关方所做的关系管理（PSRM），是项目管理机制对于战略实施不可或缺的一环。在本书中，企业的项目利益相关方包括企业之外、与项目有着利益关系（他们可能影响项目、项目也可能影响他们）的各方，不同的项目、项目的不同阶段有不同的相关方，可能包括：供应商、政府、顾客、周边居民等。以下简称“相关方”。

由第三章的论述可知，PSRM 能够使企业的战略目标更多地为相关方所理解和支持，从而对企业业绩有正的相关关系。

假设 1.4：PSRM 与企业绩效存在正相关关系。

第三节 战略与项目管理机制

一、前人研究

1. 战略与项目管理要素

Milosevic 和 Srivannaboon（2006）通过调研发现战略与项目管理要素之间的依存关系。在其调研中，项目管理要素（Project Management Elements）采用 Shenhar（1999）的 SPL（Strategic Project Leadership）框架，分为项目战略、项目组织、项目流程、项目工具、项目衡量（Project Measures）和文化六个要素。其结论认为，业务战略的竞争特性驱动项目管理要素的关注点和内容，同时项目管理要素也可以影响业务战略。模型如图 4-3 所示：

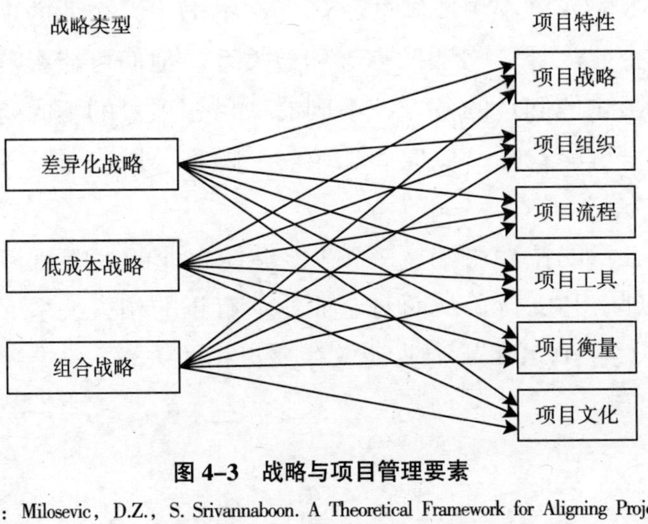

图 4-3 战略与项目管理要素

资料来源：Milosevic，D.Z.，S. Srivannaboon. A Theoretical Framework for Aligning Project Management with Business Strategy [J]. Project Management Journal，2006，37（3）：98-110.

2. 项目特性与成功实施战略目标

Dietrich 和 Lehtonen（2005）构建了一个模型，以验证项目特性与成功实施战略目标之间的关系。自变量为“项目特性、活动及项目信息情况”，具体包括：①单项目层次的特性和活动；②多项目层次的特性和活动；③战略过程和项目管理的连接；④项目信息的可得性和质量。因变量为“组织在多项目情境下是否成功管理战略意图”，通过三个指标衡量：①项目的目标是否联系组织战略；②不同项目的资源配置是否联系组织战略；③目前的项目组合是否实施了组织的战略。通过对 288 个组织管理实践的调查，最终确定与“成功管理战略意图”相关的成功因子是“战略过程和项目管理的连接”与“高质量信息的可得性”（见图 4-4）。

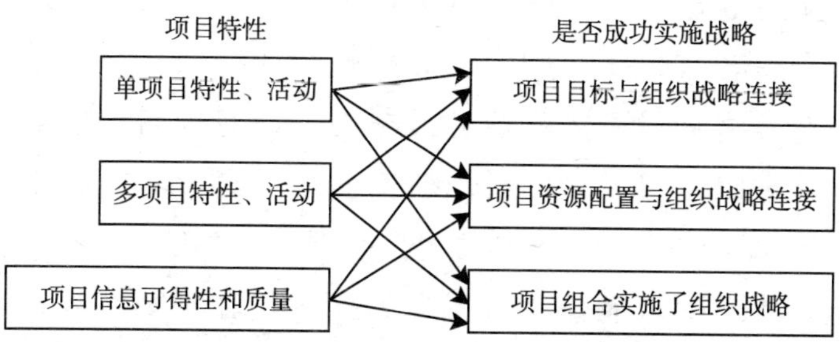

图 4-4　项目特性与成功实施战略

资料来源：Milosevic, D.Z., S. Srivannaboon. A Theoretical Framework for Aligning Project Management with Business Strategy [J]. Project Management Journal, 2006, 37 (3): 98-110.

二、业务战略与项目管理机制

Hrebiniak（2006）认为，不同的战略类型将对资源能力进行选择以反映和响应战略的需要，战略实施工作的成功要求开发出一定的技能、资源或能力（见表 4-1）。Snow 和 Hrebiniak（1980）指出，那些开发出了与所选定的战略相一致的能力的公司，其业绩表现要好于那些没有做到这一点的公司。

表 4-1 战略要求

低成本战略	差异化战略
对设备和技术进行资本投资	有效的产品设计
需要大批量、标准化和重复生产	扎实的研发工作（重点是开发）
重视规模经济和范围经济	强调营销和广告工作
制定和使用恰当的会计管理方法	重视质量和质量保证工作
有效的 MIS 和 IT 系统和工艺	有利于效益的组织结构
有利于效率的组织结构	密切与顾客的关系
支持降低成本的激励和控制措施	支持产品/服务的激励措施

资料来源：赫雷比尼亚克. 有效的执行［M］. 北京：中国人民大学出版社，2006.

以 PMO、PgM、GR 为代表的项目管理机制可以为战略的实施提供这样的资源和能力。Milosevic（2006）等指出，不同的竞争战略驱动不同的项目管理要素，业务战略需要适合的项目管理机制来实施，以实现战略目标。本书认为业务战略将对项目管理机制产生选择并对合适者有强化作用，从而影响企业绩效水平。

下一部分将针对具体的业务战略类型，对项目管理机制可能的响应和支持予以阐述，从而给出研究假设。

1. 低成本战略与项目管理机制

低成本战略追求操作的大批量、标准化和不断重复，因为只有这样，才能实现作为低成本战略基础的规模经济和范围经济。这种战略将影响对不同项目管理机制的选择。

低成本战略强调技术累积、集权和程序性。低成本战略强调成熟技术的累积，因此，必须有对历史技术的记录、管理和传承；低成本战略由于其标准化、大批量生产的要求，与分权相比，更多地要求集权，要求把决策权掌握在公司相应的管理机构中，并强调控制、检查和效率；出于对低成本的需求，程序性成为必须。低成本战略需要组织按照一套常规流程来管理日常活动和沟通协调，用系统和程序代替许多决策领域，以团队小组的形成运转工作、解决问题和引进技术革新。

（1）低成本战略与 PMO。当组织选择低成本战略，相应的组织结构应当使得那些与规模经济和范围经济有关的重复性工作最大化。

Dai 等（2004）经过全面调查，发现 PMO 具有以下功能：开发和维护项目管理标准和方法、项目历史文档管理、提供项目行政支持、提供人力资源协助、提供项目管理咨询和指导、提供或安排项目管理培训。这些功能明确导向标准化、程序化。比如 PMO 的“开发和维护项目管理标准和方法”包括的子功能：

为项目启动提供帮助，如指定启动阶段负责人、选择一个启动小组、提供启动日程表、保证对项目启动的资金供应等；变更要求有法可依，如指导变更怎样启动、批准；建立风险评估程序，如风险识别、影响评估、风险应对等；有文档标准，如进度/现状报告和时间表等；有项目收尾程序等。这些子功能可以实现标准化、降低成本。

而“项目历史文档管理”包括以下子功能：有以往项目的项目计划变动的信息、有以往项目的风险管理文件、有对以往项目的计划与实际之间的差异的分析、有对以往项目成败的评价、有关于以往项目的经验教训的记录。这些子功能使过去的最佳实践成为模板，为实现程序性奠定基础。

从 PMO 的这些功能与低成本战略对组织的要求看来，本书认为低成本战略的组织将为 PMO 的出现提供更多的营养，使 PMO 的功能更好地培育和发展，因为 PMO 可以很好地满足低成本下技术累积、集权和程序性的要求。从而反过来更好地支持组织低成本战略的发展，达到更好的企业绩效。因此，本书认为，低成本战略与 PMO 存在正相关关系。

基于此，本书假设：

假设 2.1：低成本战略与 PMO 存在正相关关系。

（2）低成本战略与 PgM。低成本战略的首要任务是降低成本。而项目群管理往往是自上而下的，也就是说，项目群通常先确定群的目标，再将目标分解为一个个项目。由于在同一个目标之下可以对资源进行统筹利用，所以项目群管理有降低成本方面的优势，这符合低成本战略的需求。所以，低成本战略的组织会为项目群管理提供更好的平台，会为项目群管理降低成本的需要提供管理支持（比如，项目群管理中与降低成本有关的举措将大大得到组织支持），从而更有利于企业绩效。

由此，本书提出以下假设：

假设 2.2：低成本战略与 PgM 存在正相关关系。

（3）低成本战略与 GR。根据二十年来在沃顿商学院主持战略实施课程的经验积累，赫雷比尼亚克（2006）总结了一份战略实施过程中的障碍和挑战表。根据统计，其中最重要的障碍和挑战之一，是实施过程中控制和反馈的重要性。经理们强调战略审核工作非常重要，即能够在战略实施中及时反馈，从而调整战略实施方法。GR 在关键时刻对项目的战略适应性做出判断，调整、减少不必要的项目支出，甚至删除与战略无关的项目，从而大幅降低成本。但是 GR 需要耗费时间和精力，每一次 GR 都是一次回顾和审查，涉及人员和部门众多，多次的反馈回复导致成本上升、速度降低。考虑到低成本战略在大多数情况下是标准的、规模经济的，标准化生产流程通常被事先规定，对于 GR 的需求相对较弱，从而本书认为低成本战略与 GR 存在负的相关关系。

假设 2.3：低成本战略与 GR 存在负的相关关系。

（4）低成本战略与 PSRM。进行关系管理需要高昂的成本。在中国大陆进行的某些特定样本的研究表明，认识到关系重要性的企业，其绩效反而较差。因为关系网的扩大，会削弱企业即期收益。由于低成本战略的企业主要追求的是低价位，依靠低价位吸引顾客；在其他条件一定的情况下，因为低价位造成较大的市场份额，从而从采购数量方面吸引供应商；较大的市场份额从劳动力解决和税收方面给政府提供了利得，从而形成对政府的吸引力……在此基础上，如果低成本战略企业花费巨额成本进行关系管理，将不会形成增值，反与自身战略产生冲突。基于以上原因，本书认为，对低成本战略的企业，关系管理付出的昂贵成本是不可忍受的。所以对于低成本战略公司，PSRM 将导向负的绩效。

假设 2.4：低成本战略与 PSRM 存在负的相关关系。

2. 差异化战略与项目管理机制

差异化战略的根本在于创新。创新活动都具有一次性、独特性和不确定性等根本特性，这些都是项目具有的特性。所以差异化战略与项目管理机制具有内在的联系。表 4-1 给出了支持差异化战略所需要的能力和决策。差异化战略要求组织能够灵活决策、质量保证、追求速度、关心顾客。

第一，灵活决策。差异化战略要求组织能够为灵活决策提供便利。一方面，就市场环境来说，差异化战略要求企业不断向市场提供独特产品，因为企业常面临变化的市场环境，灵活决策成为企业经营的关键。另一方面，就对研发的要求来说，由于差异化战略对产品研发要求很高，企业需要不断地创新来响应顾客需求，包括全新的产品或服务的出现，或者对产品和服务进行重新组合。这种对独特性的追求要求活跃的、充满创意的组织制度和文化。看似不符合常规的设计和组合往往是创意的来源，墨守成规的决策系统将扼杀这些创意。而灵活的决策系统将有助于鼓励员工充分发挥天赋和想象力。

第二，质量保证。质量差异化战略企业的工作重点常常放在产品性能、服务质量上。所以管理机制要能适应对质量的追求。

第三，追求速度。差异化战略企业对速度要求很高，企业要能够迅速应对顾客和市场要求，这相应要求利于提高速度的管理机制。

第四，关心顾客。追求差异化战略的公司常要求“接近顾客”，关注顾客满意度，这要求企业能够了解顾客对产品性能、服务等特性的要求，从而确定相应研发方向。

第五，注重营销。差异化战略企业注重营销工作。低成本战略下推出的产品，其目标顾客更多地追求低价位，对产品本身的特性相对不多做要求。而差异化战略下，由于产品本身的独特性成为卖点，因而要求企业更多地注重营销工作，以便将差异化产品推向市场。

（1）差异化战略与 PMO。虽然过多地依赖项目历史文档和历史标准方法，将对灵活决策、创意形成某种阻碍。但是，PMO 的标准化功能为灵活决策提供了基础；并且，作为项目管理的核心机构，PMO 可以将项目管理质量、速度控制的完善机制充分发挥，从而很好地保证质量、速度，而这些正是差异化战略的核心。同时，差异化战略将强化 PMO 功能中质量控制、速度控制的部分，从而使 PMO 更好地帮助实施差异化战略。

综合以上分析，本书提出以下假设：

假设 2.5：差异化战略与 PMO 存在正相关关系。

（2）差异化战略与 PgM。差异化战略通常要求采用目的型管理机制，依据产品类型、地区区域或顾客分部，来关注顾客、地理区域或产品类型——先确定差异化目标，再进行组织部署与统筹安排。而项目群管理是在预期结果的引导下，实施业务战略、方针、举措或大规模变化的工作框架。所以，二者在思路上是一致的。当组织确定差异化战略，将强化项目群管理思想，比如，当企业选择以产品进入时机为差异化的战略，此时组织内的项目群管理将会把产品进入时机视作其最重要的控制点，从而对项目群的确定和选择产生影响，比如将研发队伍的设置视作项目群中的首要任务，并围绕产品进入时机管理整个项目群。

综合以上分析，本书提出以下假设：

假设 2.6：差异化战略与 PgM 存在正相关关系。

（3）差异化战略与 GR。差异化战略将促进组织对 GR 产生选择，原因有以下三点：

首先，GR 对质量起到制度上的保证作用——而质量往往是差异化战略的核心。GR 是一套审查系统，常组织专家组成员、按照特定程序进行，对于不符合质量的阶段产品，GR 将“关上门”(Gate)，使它没有往下继续流转的可能。GR 利于制订质量保证计划、保证产品质量。

其次，GR 对顾客需求变动的关注有助于差异化战略的实现。从 GR 的概念来看，GR 除了常规的、计划内形式之外，还有计划外、因环境的重大变化而启动的形式，而对于追求利润的现代企业来说，利润的源头——顾客的需求或者要求的变化显然是一个重大的环境变动，所以，GR 常常能够体现顾客的要求，这符合了差异化战略下对顾客的关注。

最后，GR 通过对研发活动的控制支持差异化战略。对于注重研发活动的差异化战略企业来说，GR 对研发活动起着重要的把关作用。围绕战略目标，通过 GR 对研发活动进行控制，可以使研发产品符合适合市场需求，从而实现差异化。GR 对于确保研发设计的有效性、独特性有着难以替代的作用。

综上，本书认为：

假设 2.7：差异化战略与 GR 存在正相关关系。

（4）差异化战略与 PSRM。差异化战略将促进组织对 PRSM 的选择。因为 PSRM 有助于企业更贴近利益相关方，从中更多感知市场环境，从而有助于灵活决策。PSRM 还可能有助于从顾客、供应商等相关方那里得到创意源头，从而有助于差异化战略实施。由于差异化战略要求“接近顾客”，从而使得 PSRM 可能在战略实施中起到关键作用。同时，由于追求差异化战略的公司注重营销工作，而关系管理向来是营销的最佳伴侣，所以，在差异化战略下，

PSRM 将导向好的绩效。

假设 2.8：差异化战略与 PSRM 存在正相关关系。

第四节 业务战略与绩效

以 Porter 为代表的主流战略学者认为采用低成本战略或差异化战略，成功的几率更高。Miller 等对差异化战略、低成本战略的实施绩效予以实证检验，通过对不同国家、行业的研究，对差异化和低成本战略与绩效之间的相关关系得出了各自的结论。研究认为差异化战略、低成本战略均可能导向正的绩效。

基于以上分析，本书提出假设：

假设 3.1：低成本战略与企业绩效正相关。

假设 3.2：差异化战略与企业绩效正相关。

第五节 综合模型

如前文所述，就业务战略—绩效、业务战略—项目管理机制、项目管理机制—绩效这三对关系分别已经有学者进行了不同程度的研究。但是，只研究它们之间的两两关系，并不能揭示项目管理机制作为业务战略实施方式的效果，为此，作者试图通过构建“业务战略—项目管理机制—绩效”模型对此进行验证。

如图 4–5 所示，在前文所作假设的基础上，可以进一步假设，差异化战略和低成本战略通过影响 PMO、PgM、GR、PSRM 等项目管理机制，进而影响企业绩效。模型假定项目管理机制能够作为战略实施的新方式。在方法上，选用中介效应来进行诠释，中介变量代表一种机制，自变量通过它影响因变量。由此，得到假设：

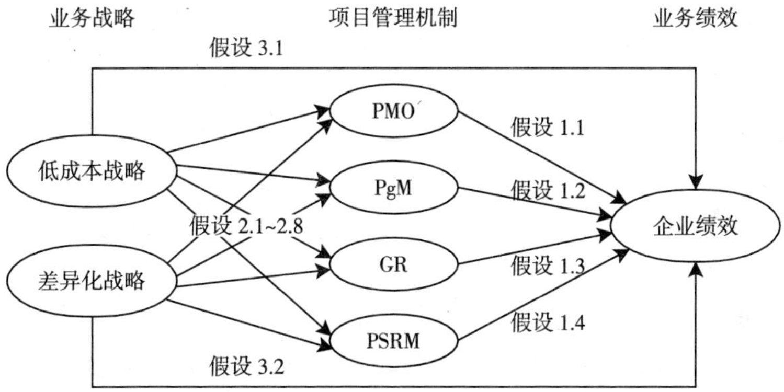

图 4–5 战略—项目管理机制—绩效模型及研究假设

资料来源：作者整理。

假设 m_1：PMO 是低成本战略和企业绩效的中介变量，低成本战略通过影响 PMO，进而影响企业绩效。

假设 m_2：PgM 是低成本战略和企业绩效的中介变量，低成本战略通过影响 PgM，进而影响企业绩效。

假设 m_3：GR 不能作为低成本战略和企业绩效间的中介变量。

假设 m_4：PSRM 是低成本战略和企业绩效的中介变量，低成本战略通过影响 PSRM，进而影响企业绩效。

假设 m_5：PMO 是差异化战略和企业绩效的中介变量，差异化战略通过影响 PMO，进而影响企业绩效。

假设 m_6：PgM 是差异化战略和企业绩效的中介变量，差异化战略通过影响 PgM，进而影响企业绩效。

假设 m_7：GR 是差异化战略和企业绩效的中介变量，差异化战略通过影响 GR，进而影响企业绩效。

假设 m_8：PSRM 是差异化战略和企业绩效的中介变量，差异化战略通过影响 PSRM，进而影响企业绩效。

第五章　方案设计

第一节　量表的设计

一、量表的设计过程

量表是一个测量工具，它由很多题项构成，并且这些题项构成一个复合分数，试图揭示不能轻易用直接方法来观察的理论变量的水平。由于本书涉及的研究领域在学术界尚处于初步阶段，较少理论基础和前人研究，量表主干部分“项目管理机制”缺乏参照，所以，参考德威利斯（2004）的量表设计方法在问卷设计上经历了较为复杂的过程。①②

第一步，在前述理论模型和研究假设的基础上，作者尝试结合

---

① 德威利斯（2004）认为量表的编制应该包括八个步骤：第一，清楚地决定你要测量什么；第二，建立一个题项库；第三，决定测量的模式；第四，让专家评价最初的题项库；第五，考虑确认题项的包含性；第六，在一个测试样本中测试题项；第七，求题项的值；第八，优化量表长度。参见德威利斯《量表编制》（2004）。

② 这一反复修改过程主要针对“项目管理机制”这个部分。另外几个部分（企业基本情况、业务战略、企业绩效三个部分）根据本书的情况，参考了前人较为成熟的研究结果，并在测试过程中，对其进行了信、效度的检验，在通过信、效度检验后用于大规模施测。

自己的理解与以往学者的研究成果，经与项目管理专家讨论，组织三个研究方向为项目管理的硕士生运用“头脑风暴法”，形成了本书初步的测量项目；

第二步，作者在山东大学访学期间，将此初步测量项目在山东大学的 27 位在职 MBA 中做了试调查和征求意见；

第三步，针对征求到的意见（口头的和书面的）和试调查结果的信度、效度结果，修改量表；

第四步，请三位相近研究方向的博士生对此量表进行文字表达清晰程度、逻辑条理、易理解程度方面的检查，并与之进行讨论确定最终采用的字句；

第五步，在详细告知研究思路的情况下，请三位项目管理专家对此量表进行审查，审查结果作为修改的重要依据，此过程即专家效度法，以保证量表的专家效度；

第六步，与导师进行讨论，最终确定一个有 41 个指标的问卷版本，每个项目管理机制各有 10~12 个不等的指标（见附录一调查问卷完全指标稿）；

第七步，再次测试，并根据测试结果计算得到的“Cronbach α”系数和因子载荷对问卷进行简化，得到较为简洁的一份量表，每个项目管理机制各有 5~6 个不等的指标，符合侯杰泰等（2004）关于每个潜变量应有大于三个以上的指标的建议，并且保证足够的简洁性，以利于大规模施测，如此获得本书的量表定稿（见附录二调查问卷定稿）。

二、量表的内容设计

本书的量表由四个部分组成：第一部分是企业基本情况；第二部分是企业的业务战略；第三部分是企业绩效；第四部分是企业的项目管理机制。本书的所有问题采用李克特 5 级量表的形式。

1. 企业基本情况

本书调查的企业基本情况为：企业年龄、所有制性质、组织形式、员工数量、企业面临的竞争激烈程度、行业、是否属于传统项目管理行业。

值得一提的是"是否属于传统项目管理行业"这个题项。本书将类似建设、软件、物流、航空航天、能源交通等较早实施项目管理、普遍存在"××项目"、"项目管理"、"项目经理"等提法的行业，称为"传统项目管理行业"；而将除此之外的其他行业称为"非传统项目管理行业"。尽管以 Kerzner（2006）为代表的项目管理界学者认为"一切皆项目"，认为各行业均存在项目管理，而不是过去人们认为的只存在于工程建设业、软件业、航空航天等行业中，尽管本书也认为项目管理机制作为一种管理思维，与行业并没有人们设想的密切关系，但是在现实中，从系统实施项目管理实践的历史时点来看，还是存在传统的项目管理行业，如工程建设业、软件业、航空航天业等。这些行业与其他行业的不同在于，它们实施项目管理的时间已经较为长久并已形成固有程序，这在某种程度上将对企业管理思维产生特有影响。为了在必要的时候比较这两类企业中项目管理机制对于战略实施作用的异同，本书设置了这个题项。

2. 企业的业务战略

业务战略的测量借鉴较为成熟的测度方式，通过询问企业是否：经常开发新产品/服务、产品/服务具有独特性、提供更多、更广的产品/服务种类、经常进行市场研究、寻求新的产品/服务机会、产品/服务成本低于竞争对手、产品/服务及生产过程利于降低成本、经常提高产品/服务及设备的利用率、经常进行成本分析、常为控制成本而改进设备或辅助性服务九个问题，识别企业战略的低成本和差异化的程度。

3. 企业绩效

衡量企业是否成功常以绩效指标作为参考。由于企业通常不愿意披露具体的绩效指标，所以本书采用相对指标来对绩效进行评估。参考 Robins 等（1995）和 Venkatraman 等（1986）的量表，用 4 个指标进行测度，分别为 ROA（资产回报率，也即利润/总资产）、ROS（利润/总销售额）、市场占有率、销售增长率。即潜变量企业绩效由四个测量项目组成。

4. 企业的项目管理机制

关于项目管理机制存在性的测定，现成量表较少。除了 PMO 的研究较为成熟，可以参考 Dai（2001）的量表之外，PgM、GR、PSRM 的量表为作者根据各自定义和相关文献讨论编制，并经广泛征求专家意见与导师商定而成。

虽然项目管理已经渗透到各行各业，但毕竟还属于相对专业的领域，所以，首先，问卷中对各个项目管理机制分别做了定义和阐述（如以例子加以说明）；然后，询问相应项目管理机制在该公司的存在性，这部分题项从企业对各个项目管理机制重要性的认识、企业针对具体的管理机制做了什么、执行此项目管理机制的结果三方面入手。这样每个项目管理机制各自初步确定了 10~12 个指标（详见附录一），但在最终定稿时，为了大规模施测的方便，根据测试结果删去了部分指标，最终每个层面各有 5~6 个指标（详见附录二）。

（1）项目管理办公室（Project Management Office，PMO）。关于 PMO，现有研究较为成熟的有 Dai（2001）的博士学位论文、Crawford（2004）、Englund 等（2004）的有关论著。其中 Dai 通过一个简单直接的问题来衡量企业中是否存在 PMO：企业中是否存在执行 PMO 功能的部门或者人员？这是因为 Dai 的调研是在典型项目型组织中进行的，被调查者通常明确了解 PMO。考虑到本研究的行业多样性，量表设计中先对 PMO 进行定义和描述，以使被调查者了解量表所关注的对象。

在问卷中，通过以下表述来向被调查者揭示什么是 PMO：

本部分问卷希望了解贵公司是否存在项目管理办公室或类似机构。

在您的组织中，项目管理办公室也可能被称为项目办公室、项目支持办公室、项目群管理办公室、项目管理中心或其他名字。我们定义的项目管理办公室是一个机构，在整个组织内协助项目团队实施项目管理方法，进而实现企业的战略目标。

前人研究表明，在大多数组织中，项目管理办公室具有以下六个功能：开发和维护项目管理标准和方法、项目历史文档管理、提供项目行政支持、提供项目人力资源协助、提供项目管理咨询和指导、提供或安排项目管理培训等。

在对 PMO 进行描述之后，本书通过几个渠道来衡量它在企业中的存在：企业是否认识到 PMO 的重要性、企业中是否存在 PMO 的某些功能、企业为了 PMO 的生成是否做过什么努力、这些努力产生了什么样的结果。所以，这一部分设计的题项如表 5-1 所示。

表 5-1 PMO 题项设计 1

变量	测量项目	项目来源
PMO	最能说明公司项目管理办公室总体情况的描述	参考 Dai（2001）等； 讨论编制并经项目管理专家审查
	公司认为项目管理办公室很重要	
	公司注重项目管理标准的开发和维护	
	公司注重项目历史文档的管理	
	公司积极为项目提供行政支持	
	公司积极为项目提供人力资源协助	
	公司重视为项目提供咨询和指导	
	公司重视为项目提供项目管理培训	
	项目管理办公室或类似机构运作很好	
	项目管理办公室给企业带来了收益	

为了得到一份较为简洁的试卷以便大规模测试，经过测试的信、效度分析，保留了因子荷载比较高，同时一维性较好的题项如表 5-2 所示。

表 5-2 PMO 题项设计 2

变量	测量项目	项目来源
PMO	最能说明公司项目管理办公室总体情况的描述	参考 Dai（2001）等；讨论编制并经项目管理专家审查
	公司认为项目管理办公室很重要	
	公司注重项目管理标准的开发和维护	
	项目管理办公室或类似机构运作很好	
	项目管理办公室给企业带来了收益	

（2）项目群管理（Programme Management，PgM）。项目群是指由一系列在有限的资源约束调节下进行的以目标为导向的项目的集合。由于项目管理是最早在工程管理领域发展起来的，所以本部分量表的例子以房地产公司为背景，这有助于读者的理解。

在问卷中，通过以下表述来向被调查者揭示什么是 PgM：

项目群管理是指对具有内在联系的若干项目进行统一组织、协调，从而实现资源共享，获取更多的利益。以房地产业举例如下：

1. 采用同一技术的项目，可以考虑由同一个团队承担。比如某房地产公司各地不同楼盘的宣传策划，可由同一个团队来承担——这些不同楼盘的策划对于这个团队即是一个项目群。这种项目群可以共享专业能力、专业队伍、专业网络——项目群的内在联系是技术。

2. 同属某一区域、开盘时间相近的几个楼盘，可以构成一个项目群。

3. 同一个楼盘从建设、销售到交房等，也可以看成是一个项目群。

同样，在对 PgM 进行描述之后，本书通过表 5-3 中的题项考察 PgM 在企业中的运作。

表 5-3　PgM 题项设计 1

变量	测量项目	项目来源
PgM	当遇到可以采用同一技术的多项目，公司会采用 PgM	参考 Wijnen, G. 和 R. Kor（2005）；讨论编制并经项目管理专家审查
	当遇到处在同一区域中的多项目，公司会采用 PgM	
	当遇到为共同客户服务的多项目，公司会采用 PgM	
	当遇到提交类似产品的多项目，公司会采用 PgM	
	当遇到其他可以组成一个项目群的多项目，公司会采用 PgM	
	公司认为项目群管理对企业很重要	
	当出现可以构成项目群的项目时，公司会优先考虑组成项目群	
	公司经常采用项目群管理	
	项目群管理在企业中运作良好	
	项目群管理的确给企业带来了收益	

同样，为了得到一份较为简洁的试卷以便大规模测试，经过测试的信、效度分析，保留了因子荷载比较高，同时一维性较好的题项如表 5-4 所示。

表 5-4　PgM 题项设计 2

变量	测量项目	项目来源
PgM	当遇到可以采用同一技术的多项目，公司会采用 PgM	参考 Wijnen, G. 和 R. Kor（2005）；讨论编制并经项目管理专家审查
	当遇到处在同一区域中的多项目，公司会采用 PgM	
	当遇到为共同客户服务的多项目，公司会采用 PgM	
	当遇到提交类似产品的多项目，公司会采用 PgM	
	当遇到其他可以组成一个项目群的多项目，公司会采用 PgM	

（3）阶段门审查（Gate Review，GR）。在问卷中，通过以下表述来向被调查者揭示什么是 GR：

阶段门审查，是指当项目进行到某个关键环节时，或者当项目遇到内外环境的重大变化时，对项目进行的计划内或者计划外的审查，以便决定继续、调整或者中止该项目。计划内的如：企业在项目可行性研究、设计等重要工作完成，即将进入下一阶段时，对项目进行的审查；计划外的如："国六条"出台，房地产公司对项目进行相应的审查（以便战略调整）等。

在对 GR 进行描述之后，本书通过表 5-5 的题项考察 GR 在企业中的运作。

表 5-5　GR 题项设计 1

变量	测量项目	项目来源
GR	当可行性研究完成，将进入下一阶段时，公司会进行阶段审查	根据相关文献中 GR 定义，讨论编制并经项目管理专家审查
	当设计完成，将进入下一阶段时，公司会进行阶段审查	
	其他重要阶段（如新产品投入市场）之前，公司会进行阶段审查	
	市场变动剧烈时，公司会进行阶段审查	
	政府倡导方向及政策调整时，公司会进行阶段审查	
	公司认为阶段审查很重要	
	公司为阶段审查确定了责任部门	
	公司经常进行阶段审查	
	公司认为阶段审查利于企业发展	
	公司的阶段审查进展良好	
	计划内阶段审查已形成程序	
	存在一个反馈系统，负责启动计划外阶段审查（如顾客意见反馈）	

经简化的因子荷载比较高，同时一维性较好的题项如表 5-6 所示。

表 5-6　GR 题项设计 2

变量	测量项目	项目来源
GR	当可行性研究完成，将进入下一阶段时，公司会进行阶段审查	根据相关文献中 GR 定义，讨论编制并经项目管理专家审查
	当设计完成，将进入下一阶段时，公司会进行阶段审查	
	其他重要阶段（如新产品投入市场）之前，公司会进行阶段审查	
	市场变动剧烈时，公司会进行阶段审查	
	政府倡导方向及政策调整时，公司会进行阶段审查	

（4）项目利益相关方关系管理（Project Stakeholder Relationship Management，PSRM）。这部分问卷选摘了李静芳的问卷，并加上与业界专家的讨论所得。在问卷中，通过以下表述来向被调查者揭示什么是 PSRM：

项目的利益相关方包括企业之外、与项目有着利益关系的各方（他们可能影响项目、项目也可能影响他们），不同的项目、项目的不同阶段有不同的利益相关方，可能包括：供应商、政府、顾客、周边居民等（简称“项目相关方”）。企业各个项目的成功与否，不同程度决定于项目的利益相关方，所以需要对其进行关系管理。本部分问卷试图探索贵公司“项目相关方关系管理”现状。

在对 PSRM 进行描述之后，本书通过表 5-7 的题项考查 PSRM 在企业中的运作。

表 5-7　PSRM 题项设计 1

变量	测量项目	项目来源
PSRM	公司管理层支持“项目相关方关系管理”	参考李静芳（2006）；讨论编制并经项目管理专家审查
	公司希望和项目相关方长期合作	
	公司重视定期更新项目相关方的资料	
	公司主动、定期与项目相关方联络、沟通	
	公司会与项目相关方分享对后者有利的信息	
	公司关注项目相关方的反应，必要时进行某种调整（如对客户关于设计标准的要求做出反应），以最终有利于实现项目	
	需要时，公司会为项目相关方提供培训和讲座	
	当项目相关方为项目提供服务时（如供应商供货、客户提供设计标准、政府提供场地等），公司会积极协助	
	公司与项目相关方协调良好	

经简化的因子荷载比较高，同时一维性较好的题项如表 5-8 所示。

表 5-8 PSRM 题项设计 2

变量	测量项目	项目来源
PSRM	公司希望和项目相关方长期合作	参考李静芳（2006）；讨论编制并经项目管理专家审查
	公司重视定期更新项目相关方的资料	
	公司主动、定期与项目相关方联络、沟通	
	公司会与项目相关方分享对后者有利的信息	
	公司关注项目相关方的反应，必要时进行某种调整（如对客户关于设计标准的要求做出反应），以最终有利于实现项目	
	公司与项目相关方协调良好	

第二节 数据收集过程

一、确定调查对象

本书的调查对象是济南市的企业，这主要出于以下考虑：首先，济南是山东的省会，而山东经济被认为是中国经济的缩影。选择这样一个城市来研究项目管理机制在战略实施中的作用，在一定程度上可以看到项目管理机制在中国经济中的作用（济南相关经济状况见下段文字）。其次，出于调研的实际可能性。2007 年春季学期，作者获得厦门大学和山东大学的支持，在山东大学访学一个学期，使得深入了解和调查这个城市的企业成为可能。

据《中国城市竞争力报告》课题组的《2005 中国城市竞争力述评》，济南市的规模指数、结构指数、就业指数等城市竞争力显示性指标和产业本体竞争力等竞争力解释性指标位于中国 200 个城市竞争力比较中的前 20 名，但在效率指数、质量指数等显示性指标和企业本体竞争力、公共部门竞争力、生活环境竞争力、商务环境竞争力、创新环境竞争力等解释性指标上并未处于前20名中；在城市投资环境评价指标体系中，其经济环境为0.34（经济环境是一个城市经济实力、结构协调性、盈利能力、政策环境、金融发展等诸多展示的方面，由产业结构、盈利能力、金融环境、经济开放程度、政府作用5项基本指标构成，作为参照，上海为0.60），市场环境为0.17（市场环境由市场规模和市场潜力两项基本指标组成，作为参照，上海为0.79）。以上种种，显示济南市经济某种程度上能反映中国总体经济的某一侧面。

二、调查的范围、方式及实施

本次调查内容包括企业基本情况、业务战略、项目管理机制运作状况、企业绩效4个方面共42个题项。

本次调查主要采取邮寄问卷、电话访问和高校总裁班填写等方式。共发出调查问卷406份，回收有效问卷179份。有效回收率为44.1%。

本次调查的主要对象是济南市的企业中高层管理人员。被调查企业包括制造、机械、公共管理/国防、电机电气、建筑、电信、IT、服务业、贸易、化工/药业、金融等。

本次调查不区分行业，也不论是否项目主导型组织（Project-Led Organizations）、是否项目型企业（Project-Based Enterprises），这是因为，项目管理的应用范畴已经不再仅以工程建设项目为主，已经遍及工程建设项目、信息系统集成项目、科学研究项目、产品开发项目、国防项目等各个领域，甚至连企业的日常运作业务也具备了项目的特色。项目管理机制作为一种管理思维，它对战略实施所起的作用主要取决于管理者的管理意识，与行业特征相关程度较低。当然，考虑到传统项目型企业（如建设行业、物流行业、航空航天业）和非传统项目型企业的项目管理机制的组织基础和被理解程度存在不同，研究在跨行业调查的基础上，增加了一个关于本企业是否属于传统项目型企业的调查选项。

问卷调查结束后，对搜集回来的所有调查数据进行了汇总整理，并详细检查问卷，剔除小部分明显存在矛盾、缺省数据较多等不符合要求的问卷，挑选出有效问卷。最后将数据输入计算机，以便统计分析。

问卷要求对企业总体情况比较了解的人员填写，因此，问卷尽量保证发放到企业高层手中（包括董事长、总经理、副总经理等职务）。但不可避免地出现了企业中层填写的问卷（比如总经理无暇填写而交由某部门经理填写等），研究对高层管理者与中层管理者的数据做了独立样本 T 检验，发现假定二者有显著差异的原假设不显著，所以，认定这二者填写的问卷从属于同一个母体（详见第六章）。

虽然项目管理机制的概念较为专业，但由于量表中已经做了较为完善的、通俗易懂的解释，所以，可理解性较好。并且，对专业词汇的简洁明了的书面解释有助于答卷者理解的一致性，从而有助于问卷的一致性。在调查结束后，作者选择五家企业做了电话回访，回访显示，被调查者对问卷的理解是可以接受的，并且是比较一致的。

第三节　数据分析方法

管理学变量存在不能准确、直接测量的特殊性质，这种变量称为潜变量（Latent Variable）。所以有必要用一些外显指标（Observable

Indicators）去间接测量这些潜变量。传统的统计分析方法不能妥善处理这些潜变量，而结构方程模型可以同时处理潜变量及其指标。结构方程模型具有允许同时处理多个因变量、容许自变量和因变量含检测误差、同时估计因子结构和因子关系、容许更大弹性的测量模型、可估计整个模型的拟合程度等优点，所以，本书主要应用 AMOS 软件、采用结构方程模型处理本书的核心数据（特别是中介效应分析部分）。

同时，在分析样本特征、信效度分析和一般的 T 检验、方差分析、回归分析等时，SPSS 有操作简单、直截了当的优势。所以，本书中同时兼用 SPSS 软件进行数据处理。

本书的数据分析方法见表 5-9。

表 5-9　数据分析方法

研究目的	分析技术	统计工具
问卷有效性检验、样本特征检验	描述性统计、独立样本 T 检验	SPSS11.5
因变量与自变量特征检验	因子分析、信度分析、相关性分析、独立样本 T 检验	SPSS11.5
假设检验	相关分析、中介效应分析	SPSS11.5 AMOS5.0

中介变量（Mediator）是一个很重要的统计概念，国外涉及中介变量的研究很多，但国内相对就很少。它最早用来解释许多重要的心理学现象，近年来，国内外渐渐有学者运用此概念来解释管理学现象。当 X 对 Y 的影响较强且稳定时，如果 X 通过影响变量 M 来影响 Y，则称 M 为中介变量。中介变量的导入有助于研究 X 如何通过 M 机制来影响 Y。

当分别把 X、Y、M 理解为本书模型中的业务战略、企业绩效、项目管理机制时，研究发现，中介效应可以用来很好地解释本书的主题。基于此，本书采用中介效应来研究业务战略如何通过项目管理机制影响企业绩效。

第六章　实证研究

第一节　样本的描述性统计分析

一、企业年龄分布

从样本企业年龄分布情况来看，成立了 21 年以上的企业最多，有 55 家，占调查企业总数的 30.7%；企业年龄在 2 年及以下的企业最少，有 7 家，占调查企业总数的 3.9%。从总体上看，八成以上的样本企业年龄在 6 年以上。

表 6-1　企业年龄

企业年龄	样本数（家）	比例（%）	累积比例（%）
2 年及以下	7	3.9	3.9
3~5 年	22	12.3	16.2
6~10 年	43	24.0	40.2
11~20 年	52	29.1	69.3
21 年以上	55	30.7	100.0
合计	179	100.0	

二、所有制性质分布

表 6-2 所有制

所有制性质	样本数（家）	比例（%）	累积比例（%）
国有独资	48	26.8	26.8
国有控股	48	26.8	53.6
合资	8	4.5	58.1
外资	33	18.4	76.5
民营	40	22.3	98.9
其他	2	1.1	100.0
合计	179	100.0	

从样本企业所有制分布情况来看，外资和民营企业最多，各有 48 家，均占调查企业总数的 26.8%；选择这五种体制之外的企业最少，有 2 家，占调查企业总数的 1.1%。

三、组织形式分布

表 6-3 组织形式

组织形式	样本数（家）	比例（%）	累积比例（%）
有限责任公司	108	60.3	60.3
股份有限公司	53	29.6	89.9
合伙企业	6	3.4	93.3
其他	12	6.7	100.0
合计	179	100.0	

从样本企业组织形式分布情况来看，有限责任公司最多，有 108 家，占调查企业总数的 60.3%；合伙企业最少，有 6 家，占调查企业总数的 3.4%。从总体上看，有限责任公司和股份有限公司两种形式共占据了 89.9%的比重，这也是现代企业主要采取

的组织形式。

四、注册资本分布

表 6-4　注册资本

注册资本（万元）	样本数（家）	比例（%）	累积比例（%）
≤200	12	6.7	6.7
201~1000	31	17.3	24.0
1001~5000	36	20.1	44.1
5001~10000	22	12.3	56.4
>10000	78	43.6	100.0
合计	179	100.0	

从样本企业注册资本分布情况来看，>10000 万元的企业最多，有 78 家，占调查企业总数的 43.6%；注册资本≤200 万元的企业最少，有 12 家，占调查企业总数的 6.7%。

五、员工数分布

表 6-5　员工数量

员工数量（人）	样本数（家）	比例（%）	累积比例（%）
≤100	38	21.2	21.2
101~300	41	22.9	44.1
301~1000	33	18.4	62.6
1001~2000	16	8.9	71.5
>2000	51	28.5	100.0
合计	179	100.0	

从员工数量分布情况来看，样本企业员工数在 101~300 人、>2000 人两个级别的最多，分别为 22.9%、28.5%，分别有 41 家、51 家；员工数在 1001~2000 人的企业最少，有 16 家，占调查企业

总数的 8.9%。

六、竞争程度分布

表 6-6　竞争程度

竞争激烈程度	样本数（家）	比例（%）	累积比例（%）
几乎没有竞争	6	3.4	3.4
微弱竞争	7	3.9	7.3
一般竞争	26	14.5	21.8
比较激烈	77	43.0	64.8
非常激烈	63	35.2	100.0
合计	179	100.0	

认为本公司所在行业竞争非常激烈的占 35.2%，比较激烈的占 43.0%，一般的占 14.5%，微弱竞争的占 3.9%，几乎没有竞争的为 3.4%。可见将近八成的受访者认为自己的企业所处竞争环境比较激烈或者很激烈，这也反映了当前企业的基本竞争情况。

七、行业分布

企业在各行业总体分布比较均匀。最少的是电机电气，有 4 家，占总样本企业 2.2%。

表 6-7　行业

行业	样本数（家）	比例（%）	累积比例（%）
制造	13	7.3	7.3
机械	7	3.9	11.2
公共管理/国防	5	2.8	14.0
电机电气	4	2.2	16.2
建筑业	20	11.2	27.4
电信	15	8.4	35.8
IT	28	15.6	51.4

续表

行业	样本数（家）	比例（%）	累积比例（%）
服务业	35	19.6	70.9
贸易	15	8.4	79.3
化工/药业	13	7.3	86.6
金融	8	4.5	91.1
其他	16	8.9	100.0
合计	179	100.0	

八、是否属于传统项目管理行业

表 6-8　是否属于传统项目管理行业

是否属于传统项目管理行业	样本数（家）	比例（%）	累积比例（%）
传统项目管理行业	71	39.7	39.7
非传统项目管理行业	108	60.3	100.0
合计	179	100.0	

问卷将建设、软件、物流、航空航天、能源交通等普遍存在“××项目”、“项目管理”“项目经理”等提法的行业，称为“传统项目管理行业”。属于“传统项目管理行业”的企业有 71 家，占总样本企业 39.7%；“非传统项目管理行业”企业有 108 家，占总样本的 60.3%。

九、其他

样本的其他描述性统计见附录三。

第二节 数据质量分析

一、问卷来源有效性检验

本次问卷调查由济南市企业的高层管理人员和中层管理人员接受电话访问或亲自填写，其中高层管理者 93 份，中层管理者 86 份，来源稍有不同。不同来源可能对样本的独立性、有效性带来一定程度的影响，为了验证这些样本是否出自同一个母体，有必要对样本进行独立样本 T 检验（Independent Samples Test）。检验结果见附录四。结果发现，除了极少数测量项目存在显著差异外，其他绝大多数测量项目都无显著差异。因此，就总体而言，这两个不同的样本来源从属于同一母体这一假设是可以接受的。

二、效度检验

效度表示工具能在多大程度上真正测出需要测量的变量。常用的效度有内容效度（Content Validity）和建构效度（Construct Validity）。内容效度指测量项目是否能够代表所要测量的内容或主题，若问卷能够体现主题，则表示问卷有足够的内容效度。本书所采用的量表经过多次慎重的讨论和修改，并经多位专家审查认可，认为已经具有足够的内容效度。建构效度指"测量或度量能够测量到的理论建构的程度"。建构效度由于有理论的逻辑分析为基础，同时又根据实际所得的资料来检验理论的正确性，因此是一种最严谨的效度检验方法，可以避免内容效度有逻辑效度而无实证依据

（吴明隆，2003）。检验建构效度最常使用的方法为因子分析法。

根据吴明隆的研究，鉴于本书在问卷编制过程中已利用了理论研究结果，量表的层面结构也已确定，并经“专家效度”检验，所以，在因子分析过程中，可以不把整个量表全部题项纳入因子分析中，而是“分层面”来做，也就是以各自的题项分别进行因子分析。下面就对各层面分别做效度分析。

1. 战略类型

表 6–9　KMO 检验与 Bartlett 球形检验

Kaiser-Meyer-Olkin 取样适当性度量		0.812
Bartlett 球形检验	近似卡方分布	615.696
	自由度	36
	显著性	0.000

表 6–9 给出了 KMO 检验统计量与 Bartlett 球形检验结果。KMO 统计量的取值在 0 和 1 之间，KMO 值越接近于 0 表明原始变量相关性越弱，越接近于 1 表明原始变量相关性越强。通常认为 KMO 的度量标准是：0.9 以上表示非常适合进行因子分析，0.8 以上表示比较适合，0.5 以下表示极不适合。这里 KMO 统计量等于 0.812，表明变量间的共同性因素很多，适合进行因子分析。Bartlett 球形检验的 χ^2 值为 615.696（自由度为 36），P 值为 0.000，达到显著性水平，意味着群体的相关矩阵有共同因素存在，适合进行因子分析。

表 6–10　特征根与方差贡献表

成分	初始特征值			平方和负荷量萃取		
	总和	方差的%	累积%	总和	方差的%	累积%
1	3.957	43.964	43.964	3.957	43.964	43.964
2	1.485	16.505	60.469	1.485	16.505	60.469
3	0.899	9.991	70.460			
4	0.691	7.674	78.134			

续表

成分	初始特征值			平方和负荷量萃取		
	总和	方差的%	累积%	总和	方差的%	累积%
5	0.536	5.950	84.084			
6	0.455	5.057	89.141			
7	0.409	4.546	93.687			
8	0.309	3.428	97.115			
9	0.260	2.885	100.000			

注：萃取法——主成分分析。

从特征根与方差贡献表来看，本例应提取两个公因子。两个共同因素的累积解释量为60.469%。

表6–11 成分矩阵（a）

	成分	
	1	2
D1	0.557	0.614
D2	0.550	0.387
D3	0.630	0.573
D4	0.672	0.291
C1	0.562	–0.402
C2	0.720	–0.420
C3	0.757	–0.286
C4	0.731	–0.288
C5	0.745	–0.210

注：萃取方法——主成分分析，这里萃取了两个成分。

从成分矩阵可以看出，D1、D2、D3、D4四个指标有较强的相关性，C1、C2、C3、C4、C5五个指标有较强的相关性，分别可以命名为“差异化战略因子”和“低成本战略因子”。

2. 项目管理机制

（1）PMO。表6–12给出了KMO检验统计量与Bartlett球形检验结果。这里KMO统计量等于0.830，表明变量间的共同性因素很多，适合进行因子分析。Bartlett球形检验的 χ^2 值为493.202（自

表 6-12　KMO 检验与 Bartlett 球形检验

Kaiser-Meyer-Olkin 取样适当性度量		0.830
Bartlett 球形检验	近似卡方分布	493.202
	自由度	10
	显著性	0.000

由度为 10)，P 值为 0.000，达到显著性水平，意味着群体的相关矩阵有共同因素存在，适合进行因子分析。

表 6-13　特征根与方差贡献表

成分	初始特征值			平方和负荷量萃取		
	总和	方差的%	累积%	总和	方差的%	累积%
1	3.396	67.918	67.918	3.396	67.918	67.918
2	0.611	12.221	80.139			
3	0.494	9.880	90.019			
4	0.309	6.182	96.201			
5	0.190	3.799	100.000			

注：萃取法——主成分分析。

从特征根与方差贡献表来看，仅得到一个大于 1 的因子，该因子解释了 67.918%的总变异，说明测量结构的一维性较好。

表 6-14　成分矩阵（a）

	成分
	1
PMO1	0.703
PMO2	0.840
PMO3	0.827
PMO9	0.862
PMO10	0.877

注：萃取方法——主成分分析，这里萃取了 1 个成分。

从成分矩阵可以看出，因子载荷都很高，均在 0.7 以上，大多数达到 0.8，说明测量效度较高。

（2）PgM。表 6-15 给出了 KMO 检验统计量与 Bartlett 球形检验结果。这里 KMO 统计量等于 0.819，表明变量间的共同性因素很多，适合进行因子分析。Bartlett 球形检验的 χ^2 值为 399.823（自由度为 10），P 值为 0.000，达到显著性水平，意味着群体的相关矩阵有共同因素存在，适合进行因子分析。

表 6-15　KMO 检验与 Bartlett 球形检验

Kaiser-Meyer-Olkin 取样适当性度量		0.819
Bartlett 球形检验	近似卡方分布	399.823
	自由度	10
	显著性	0.000

表 6-16　特征根与方差贡献表

成分	初始特征值			平方和负荷量萃取		
	总和	方差的%	累积%	总和	方差的%	累积%
1	3.241	64.815	64.815	3.241	64.815	64.815
2	0.561	11.225	76.040			
3	0.553	11.064	87.104			
4	0.368	7.365	94.469			
5	0.277	5.531	100.000			

注：萃取法——主成分分析。

从特征根与方差贡献表来看，仅得到一个大于 1 的因子，该因子解释了 64.815%的总变异，说明测量结构的一维性较好。

从表 6-17 成分矩阵可以看出，因子载荷都很高，均在 0.7 以上，大多数达到 0.8，说明测量效度较高。

表 6-17　成分矩阵（a）

	成分
	1
PGM1	0.795
PGM2	0.818

续表

	成分
	1
PGM3	0.832
PGM4	0.771
PGM5	0.808

注：萃取方法——主成分分析，这里萃取了 1 个成分。

（3）GR。表 6-18 给出了 KMO 检验统计量与 Bartlett 球形检验结果。这里 KMO 统计量等于 0.795，表明变量间的共同性因素很多，适合进行因子分析。Bartlett 球形检验的 χ^2 值为 492.500（自由度为 10），P 值为 0.000，达到显著性水平，意味着群体的相关矩阵有共同因素存在，适合进行因子分析。

表 6-18 KMO 检验与 Bartlett 球形检验

Kaiser-Meyer-Olkin 取样适当性度量		0.795
Bartlett 球形检验	近似卡方分布	492.500
	自由度	10
	显著性	0.000

表 6-19 特征根与方差贡献表

成分	初始特征值			平方和负荷量萃取		
	总和	方差的%	累积%	总和	方差的%	累积%
1	3.365	67.303	67.303	3.365	67.303	67.303
2	0.729	14.581	81.884			
3	0.420	8.407	90.291			
4	0.261	5.211	95.502			
5	0.225	4.498	100.000			

注：萃取法——主成分分析。

从特征根与方差贡献表来看，仅得到一个大于 1 的因子，该因子解释了 67.303%的总变异，说明测量结构的一维性较好。

从成分矩阵可以看出，因子载荷都很高，均在 0.7 以上，大多

表 6-20 成分矩阵（a）

	成分
	1
GR1	0.821
GR2	0.849
GR3	0.840
GR4	0.820
GR5	0.770

注：萃取方法——主成分分析，这里萃取了 1 个成分。

数达到 0.8，说明测量效度较高。

（4）PSRM。表 6-21 给出了 KMO 检验统计量与 Bartlett 球形检验结果。这里 KMO 统计量等于 0.895，表明变量间的共同性因素很多，适合进行因子分析。Bartlett 球形检验的 χ^2 值为 612.023（自由度为 15），P 值为 0.000，达到显著性水平，意味着群体的相关矩阵有共同因素存在，适合进行因子分析。

表 6-21 KMO 检验与 Bartlett 球形检验

Kaiser-Meyer-Olkin 取样适当性度量		0.895
Bartlett 球形检验	近似卡方分布	612.023
	自由度	15
	显著性	0.000

表 6-22 特征根与方差贡献表

成分	初始特征值			平方和负荷量萃取		
	总和	方差的%	累积%	总和	方差的%	累积%
1	4.053	67.543	67.543	4.053	67.543	67.543
2	0.521	8.687	76.230			
3	0.499	8.324	84.554			
4	0.364	6.068	90.622			
5	0.289	4.812	95.434			
6	0.274	4.566	100.000			

注：萃取法——主成分分析。

从特征根与方差贡献表来看，仅得到一个大于 1 的因子，该因子解释了 67.543%的总变异，说明测量结构的一维性较好。

表 6–23 成分矩阵（a）

	成分
	1
PSRM2	0.793
PSRM3	0.802
PSRM4	0.872
PSRM5	0.826
PSRM6	0.814
PSRM9	0.822

注：萃取方法——主成分分析，这里萃取了 1 个成分。

从成分矩阵可以看出，因子载荷都很高，均在 0.7 以上，大多数大于 0.8，说明测量效度较高。

3. 企业绩效

表 6–24 KMO 检验与 Bartlett 球形检验

Kaiser-Meyer-Olkin 取样适当性度量		0.681
Bartlett 球形检验	近似卡方分布	281.700
	自由度	6
	显著性	0.000

表 6–24 给出了 KMO 检验统计量与 Bartlett 球形检验结果。这里 KMO 统计量等于 0.681，表明变量间的共同性因素较多，适合进行因子分析。Bartlett 球形检验的 χ^2 值为 281.700（自由度为 6），P 值为 0.000，达到显著性水平，意味着群体的相关矩阵有共同因素存在，适合进行因子分析。

从特征根与方差贡献表来看，仅得到一个大于 1 的因子，该因子解释了 61.534%的总变异，说明测量结构的一维性较好。

从成分矩阵可以看出，因子载荷都较高，大多数大于 0.8，仅有一个为 0.517，但也超过了 0.5，说明测量效度较高。

表 6-25 特征根与方差贡献表

成分	初始特征值			平方和负荷量萃取		
	总和	方差的%	累积%	总和	方差的%	累积%
1	2.461	61.534	61.534	2.461	61.534	61.534
2	0.873	21.827	83.361			
3	0.463	11.578	94.939			
4	0.202	5.061	100.000			

注：萃取法——主成分分析。

表 6-26 成分矩阵（a）

	成分
	1
P1	0.517
P2	0.853
P3	0.906
P4	0.852

注：萃取方法——主成分分析，这里萃取了 1 个成分。

三、信度检验

在因子分析之后，为进一步了解问卷的可靠性与有效性，要作信度检验。常用的信度检验方法为数据信度衡量的“Cronbach α”系数。一个量表的信度越高，表示量表越稳定（Stability）。Cronbach α 系数值在 0.65 以下应拒绝测量结果，α 系数值在 0.65~0.70 之间是最小可接受值，α 系数值在 0.70~0.80 之间为比较好，α 系数值在 0.80 以上为非常好（Nunnally，1978）。

1. 战略类型

差异化和低成本战略的 Cronbach α 系数分别为 0.7672 和 0.8323，显示较好的稳定性。

2. 项目管理机制

四个项目管理机制的 Cronbach α 系数分别为 0.8789、0.8636、

0.8780、0.9034，显示量表具有很好的稳定性。

3. 企业绩效

企业绩效的 Cronbach α 系数为 0.7654，显示了比较好的稳定性。

第三节　结构方程模型分析

一、中介效应检验

为了使中介效应检验的第一类错误率和第二类错误率都比较小，既可以检验部分中介效应，又可以检验完全中介效应，温忠麟等人在 Baron 和 Kenny（1986）提出的学说基础上，提出一个关于中介效应的综合检验方法。如图 6–1 所示。

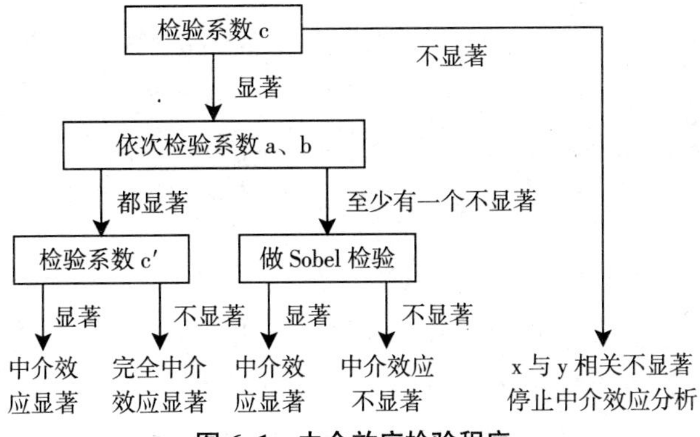

图 6–1　中介效应检验程序

资料来源：温忠麟，张雷，侯杰泰等. 中介效应检验程序及其应用［J］. 心理学报，2004，36（5）：614–620.

图 6–1 中，c 为自变量 x 与因变量 y 的回归系数，而 a、b、c′

分别为 x 与 m(中介变量)的回归系数、m 与 y 的回归系数、加入中介变量 m 后 x 与 y 的回归系数。

按照这个检验程序,本书对以上假设做了分析验证。

1."低成本战略—PMO—绩效"中介效应分析

中介变量 PMO(w_1)对低成本战略(x_1)和绩效(y)的中介效应检验如表 6–27 所示。其中的结果是标准化解,用小写字母代表相应变量的标准化变量,下同。

表 6–27 "低成本战略—PMO—绩效"中介效应依次检验

标准回归方程	回归系数检验		
$y=0.316x_1$	SE=0.116	CR=2.719	p=0.007
$w_1=0.401x_1$	SE=0.120	CR=3.351	p=0.000
$y=0.917w_1$	SE=0.276	CR=3.324	p=0.000
$-0.043x_1$	SE=0.149	CR=−0.287	P=0.774

注:SE 为标准误差。下同。

由于系数 a、b、c 都显著,而 c′不显著,根据上述检验规则,本模型的完全中介效应显著。

该模型采用 AMOS 软件验证。根据研究,拟合较好的模型应满足以下条件:CHI/df 值小的较好,临界值为 5;拟合指数 NFI、IFI、NNFI(TLI)、CFI 越接近 1 越好,0.9 为建议的界值;RMSEA 越小越好,建议界值为 0.08。本模型中,CHI/df = 1.786,NFI = 0.858,IFI = 0.932,TLI = 0.910,CFI = 0.930,RMSEA = 0.088。

从拟合系数来看,模型拟合得较好。所以,假设 m_1 得到了支持,这就说明 PMO 可以作为低成本战略的实施机制,低成本战略通过影响 PMO 进而影响企业绩效。低成本战略企业可以对 PMO 有一定的政策倾斜。而完全中介效应表明低成本战略可以完全通过 PMO 进行实施。这与 PMO 作为一个标准化管理的核心机构的位置是吻合的。

2."低成本战略—PgM—绩效"中介效应分析

中介变量 PgM(w_2)对低成本战略(x_1)和绩效(y)的中介

效应检验如表 6-28 所示。

表 6-28　"低成本战略—PgM—绩效"中介效应依次检验

标准回归方程	回归系数检验		
$y=0.316x_1$	SE=0.116	CR=2.719	p=0.007
$w_2=0.094x_1$	SE=0.099	CR=0.945	P=0.345
$y=0.500w_2$	SE=0.180	CR=2.773	P=0.006
$0.268x_1$	SE=0.109	CR=2.456	P=0.014

由于 a 不显著，做 Sobel 检验，$z=ab/\sqrt{a^2s_b^2+b^2s_a^2}$，$a=0.094$，$b=0.500$，$s_a=0.099$，$s_b=0.180$，故 $z=0.898$。因涉及参数的乘积的分布，z 可能与标准正态分布有较大的出入，所以显著性水平 0.05 对应的临界值是 0.97。这里 $z<0.97$，故中介效应不显著。

从拟合系数来看，模型拟合较好：CHI/df = 1.808，NFI = 0.813，IFI = 0.907，CFI = 0.904，TLI = 0.882，RMSEA = 0.089。

假设 m_2 未得到支持，PgM 不能作为低成本战略的实施机制，后者无法通过影响 PgM 进而影响企业绩效。潜在原因将在下文与"6.'低成本战略—PgM—绩效'中介效应分析"的结果一起分析。

3."低成本战略—GR—绩效"中介效应分析

中介变量 GR（w_3）对低成本战略（x_1）和绩效（y）的中介效应检验如表 6-29 所示。

表 6-29　"低成本战略—GR—绩效"中介效应依次检验

标准回归方程	回归系数检验		
$y=0.316x_1$	SE=0.116	CR=2.719	p=0.007
$w_3=0.364x_1$	SE=0.103	CR=3.529	p=0.000
$y=0.335w_3$	SE=0.158	CR=2.113	p=0.035
$0.195x_1$	SE=0.123	CR=1.593	p=0.111

由于系数 a、b、c 都显著，而 c′不显著，根据上述检验规则，本模型的完全中介效应显著。

从拟合系数来看，模型拟合较好：CHI/df = 1.951，NFI = 0.847，

IFI = 0.919，CFI = 0.917，TLI = 0.896，RMSEA = 0.097。假设 m_3 未得到支持。反过来，GR 是低成本战略与绩效的完全中介，低成本战略通过影响 GR 进而影响企业绩效。

可见，GR 是实施低成本战略的好方法。原因可能在于，选择正确的项目进行实施、删除与战略无关的项目，所降低的成本超过 GR 本身所耗费的成本。除此之外，Ibusuki（2005）认为，阶段审查（Quality Gates）本身也是降低成本的一种途径。Ibusuki 援引巴西戴姆勒·克莱斯勒公司的案例，在该公司，为了提升其产品生产流程（Product Development Process，PDP），提高项目交付（Project Deliverables），生产流程中共设置了 11 个阶段点（即门，Gate），如初始阶段、产品概念、产品要求具体化、决定风格、确定传动系统、财务数据控制、生产开始、市场投放等，而每一个“门”对应成本控制，如确定利润率和目标成本、确定关键经济价值和目标成本范围、在各个部位分配项目利润率和目标成本、规划成本计算（Bottom-up）和与目标成本匹配（Top-down）、跟踪项目利润率和实战操作达到目标成本（分析目标成本组成）、跟踪项目利润率和更新关键价值和定义战略性目标成本、跟踪项目利润率和更新关键价值（Key-values）（在“门”4、3、2）、评价项目利润率（在“门”1）、最后评价项目利润率（在“门”0）。通过将“门”与成本控制的一一对应，戴姆勒·克莱斯勒公司成功地实现了低成本。基于此，GR 可以作为低成本战略实施的一个途径。

4.“低成本战略—PSRM—绩效”中介效应分析

表 6-30 “低成本战略—PSRM—绩效”中介效应依次检验

标准回归方程	回归系数检验		
$y=0.316x_1$	SE=0.116	CR=2.719	p=0.007
$w_3=0.347x_1$	SE=0.102	CR=3.411	p=0.000
$y=0.251w_3$	SE=0.191	CR=1.316	p=0.188
$0.231x_1$	SE=0.132	CR=1.753	p=0.080

由于 b 不显著，做 Sobel 检验，$z = ab/\sqrt{a^2s_b^2 + b^2s_a^2}$，$a = 0.347$，$b = 0.251$，$s_a = 0.102$，$s_b = 0.191$，故 $z = 1.226 > 0.97$。所以，中介效应显著。中介效应占总效应的比例为 $a \times b/c = 0.347 \times 0.251/0.316 = 27.6\%$。

从拟合系数来看，模型拟合较好：CHI/df = 1.733，NFI = 0.842，IFI = 0.926，CFI = 0.924，TLI = 0.905，RMSEA =0.085。故假设 m_4 得到支持，这说明 PSRM 可以作为低成本战略的实施机制，后者通过影响 PSRM 进而影响企业绩效。

5."差异化战略—PMO—绩效"中介效应分析

中介变量 PMO（w_1）对差异化战略（x_2）和绩效（y）的中介效应检验如表 6-31 所示。

表 6-31 "差异化战略—PMO—绩效"中介效应依次检验

标准回归方程	回归系数检验		
$y=0.271x_2$	SE=0.115	CR=2.344	p=0.019
$w_1=0.128x_2$	SE=0.091	CR=1.405	p=0.160
$y=0.874w_1$	SE=0.233	CR=3.758	p=0.000
$0.166x_2$	SE=0.105	CR=1.583	P=0.113

由于 a 不显著，做 Sobel 检验，$z = ab/\sqrt{a^2s_b^2 + b^2s_a^2}$，$a = 0.128$，$b = 0.874$，$s_a = 0.091$，$s_b = 0.233$，故 $z = 1.317 > 0.97$，所以，中介效应显著。中介效应占总效应的比例为 $a \times b/c = 0.128 \times 0.874/0.271 = 41.3\%$。

从拟合系数来看，模型拟合较好：CHI/df = 1.939，NFI = 0.838，IFI = 0.914，CFI = 0.912，TLI = 0.882，RMSEA = 0.096。所以，假设 m_5 得到了支持，这就说明 PMO 可以作为差异化战略的实施机制，差异化战略通过影响 PMO 进而影响企业绩效。不过，比起对低成本战略的完全中介作用，PMO 对差异化战略只是部分中介作用。说明差异化战略还需要 PMO 之外的其他实施机制作为补充才可能得以完全落实。

综合“1”和“5”的实证检验结果，PMO 是“低成本战略—企业绩效”与“差异化战略—企业绩效”的中介变量，证明 PMO 可以成为业务战略的实施途径。

研究认为，为了快速应对环境变化，PMO 与战略的连接成为必然。从以下两个角度，PMO 可以成为业务战略实施的途径：首先，PMO 的职能能够帮助具体实施业务战略。Bourne（2006）认为 PMO 通过执行这些职能：战略性规划、制定基准和持续改进、培训和指导项目经理、对项目管理经验形式的知识进行管理，将业务战略转化为项目群（业务战略选择符合战略目标的项目并将其组织在项目群中），从而将商业利益整合到项目交付中。其次，作为信息集散中心，PMO 可以成为业务战略实施的途径。Aubry 等（2007）采用行为者网络理论（ANT）[①] 进一步做了解释。在这个观点里，研究者认为 PMO 是一个转译中心（Translation Center），不同来源的信息在这里被转译和整合，并在组织的不同层次进行传递，从而可以使网络里各个行动者的兴趣/利益（Interest）趋向一致，所有的人、物件和关系都被连接起来以达成战略目标。

而关于 PMO 对低成本战略是完全中介作用而对差异化战略是部分中介作用，在很大程度上与 PMO 作为标准化文档保存者的角色相关，PMO 的这种功能在一定程度上解释了它对低成本战略与绩效之间更好的中介作用。

6.“差异化战略—PgM—绩效”中介效应分析

中介变量 PgM（w_2）对差异化战略（x_2）和绩效（y）的中介效应检验如表 6-32 所示。

① 行动者网络理论（Actor-Network Theory，ANT）主张，透过网络（Network）的组织、动员以及转译（Translate）过程，可以使网络里各个行动者的兴趣/利益（Iinterest）趋向一致，所有的人、物件和关系都被连接起来以达成目标，而建构出一套能被大家接受的科学知识。“网络连接”（Networking）使人们建立人脉和关系来获得支持或利益。

表 6-32　“差异化战略—PgM—绩效”中介效应依次检验

标准回归方程	回归系数检验		
$y=0.271x_2$	SE=0.115	CR=2.344	p=0.019
$w_2=0.022x_2$	SE=0.098	CR=0.225	p=0.822
$y=0.531w_2$	SE=0.184	CR=2.884	p=0.004
$0.257x_2$	SE=0.109	CR=2.364	P=0.004

由于 a 不显著，做 Sobel 检验，$z = ab/\sqrt{a^2s_b^2 + b^2s_a^2}$，$a = 0.022$，$b = 0.531$，$s_a = 0.098$，$s_b = 0.184$，故 $z = 0.224 < 0.97$，所以中介效应不显著。

从拟合系数来看，模型拟合较好：CHI/df = 1.718，NFI = 0.810，IFI = 0.911，CFI = 0.9082，TLI = 0.884，RMSEA = 0.084。故假设 m6 没有获得支持。PgM 不能作为差异化战略的实施机制。

综合“2”、“6”，PgM 不能作为低成本、差异化战略的实施机制。这有悖于通常对 PgM 的预期和认知。越来越多的人们认识到 PgM 在项目交付（Project Delivery）和组织战略（Organizational Strategy）的鸿沟之间架起了一座桥梁。然而，项目和战略的确存在不同，前者是内向关注（Inward-focused）、任务导向（Task-oriented）的，而后者却是组织层面的，二者之间存在张力。而传统的项目群管理方法实际上加大了这种张力。由于以下原因，使得项目群管理可能的确不利于业务战略的实施：①现有的项目群管理倾向于过度的控制：资源管理和整合规划是当前项目群管理关注的焦点，这必然造成过度的层级制和控制，从而不利于与战略的连接。②项目群管理在业务战略下不够灵活：现有项目群管理经常忽略项目群随业务战略变化而调整的必要性，从而项目群管理更多地控制变化而不是管理变化（后者才是战略层次的）。另外，对于项目群这种整合的大型网络来说，由于难以形成，因此一旦形成就变得笨重和过度复杂。这就造成了当前项目群方法对细节过度的注重。由于过度关注细节，项目群经理将不能辨认真正对项目群有益的事项。这两点都不利于项目群管理对业务战略的支持。③在项目群中的各个项目之间合作不够有效：当前项目群方法常强调项目群内部项目之间的合作而忽略其矛盾。然而由于资源和优先级的争夺，竞争在多项目环境中是很自然的。内部竞争和不能很好地利用组织学习，这些使得各个项目之间的合作不够有效。而由于项目群在组织内的重要性，战略目标的实现首先要依靠项目群目标的实现。

Lycett 等（2004）认为，项目群管理在现实中存在的一些欠缺，其根源可以回溯到项目群管理的两个有漏洞的前提假设：①项目群管理是项目管理的一个扩大版本，是项目管理的简单延伸；②项目群管理太过呆板。

这种机械化的认知的确在样本企业中造成了项目群管理对业务战略实施的失败。实证结果证明：项目群管理需要更加灵活的、量身定做的管理。从这个意义上看，研究结果将为设计一个与现在不同的、更有效的项目群管理方法提供基础。这种项目群管理方法将是灵活的、可以在变化的业务环境中自我调适，并且，更为关注关键利益相关方关系。

7. “差异化战略—GR—绩效”中介效应分析

中介变量 GR（w_3）对差异化战略（x_2）和绩效（y）的中介效应检验如表 6-33 所示。

表 6-33 “差异化战略—GR—绩效”中介效应依次检验

标准回归方程	回归系数检验		
$y=0.271x_2$	SE=0.115	CR=2.344	p=0.019
$w_3=0.106x_2$	SE=0.093	CR=1.145	p=0.252
$y=0.403w_3$	SE=0.145	CR=2.772	p=0.006
$0.227x_2$	SE=0.110	CR=2.069	P=0.039

由于 a 不显著，做 Sobel 检验，$z = ab/\sqrt{a^2s_b^2 + b^2s_a^2}$，$a = 0.106$，$b = 0.403$，$s_a = 0.093$，$s_b = 0.145$，故 $z = 1.055>0.97$，中介效应显著。

从拟合系数来看，模型拟合较好：CHI/df = 1.710，NFI = 0.859，IFI = 0.936，CFI = 0.935，TLI = 0.915，RMSEA = 0.084。中介效应占总效应的比例为 $a \times b/c = 0.106 \times 0.403/0.271 = 15.7\%$。假设 m7 获得支持。Cross 和 Sivaloganathan（2005）认为，阶段审查模型（Stage Gate Model）是一个被产业界广泛采用的控制机制，在实施特别设计模型的过程中，阶段审查能够很好地控制风险，以实现独特的设计。而在 Radnor 和 Noke（2002）看来，阶段审查是很好的创新自我审查（Self-andit）制度，是新产品开发流程中的创新指南（Iinnovation Compass）。Griffin（1997）的实证研究表明，将近 60%的美国公司在新产品开发中采用了阶段审查流程（Stage Gate Process）。所以，GR 有适应差异化战略的一面，可以作为差异化战略的实施机制。

8. “差异化战略—PSRM—绩效”中介效应分析

表 6-34 “差异化战略—PSRM—绩效”中介效应依次检验

标准回归方程	回归系数检验		
$y=0.271x_2$	SE=0.115	CR=2.344	p=0.019
$w_3=0.045x_2$	SE=0.095	CR=0.473	p=0.636
$y=0.346w_3$	SE=0.162	CR=2.138	p=0.033
$0.254x_2$	SE=0.112	CR=2.261	P=0.024

由于 a 不显著，做 Sobel 检验，$z = ab/\sqrt{a^2s_b^2 + b^2s_a^2}$，$a = 0.045$，$b = 0.346$，$s_a = 0.095$，$s_b = 0.162$，故 $z = 0.462 < 0.97$，中介效应不显著。

从拟合系数来看，模型拟合较好：CHI/df = 1.810，NFI = 0.824，IFI = 0.913，CFI = 0.910，TLI = 0.884，RMSEA = 0.090。假设 m8 未获支持。说明 PSRM 不能作为差异化战略的实施机制。

二、中介效应检验结果汇总

中介效应结果汇总如表 6-35 所示。

表 6-35　中介效应结果汇总

中介变量	对“低成本—企业绩效”的中介效应	中介效应占总效应的百分比（%）	对“差异化—企业绩效”的中介效应	中介效应占总效应的百分比（%）
PMO	完全中介	100	部分中介	41.3
PgM	不显著	—	不显著	—
GR	完全中介	100	部分中介	15.7
PSRM	部分中介	27.6	不显著	—

三、直接效应检验

直接效应检验结果显示：

第一，PMO、PgM、GR、PSRM 均与企业绩效存在显著的正相关关系，这说明假设 1.1 、假设 1.2 、假设 1.3、假设 1.4 得到了支持。证明这些项目机制本身对企业绩效有直接作用。

第二，假设 2.1 获得支持。低成本战略与 PMO 存在正相关关系。这符合本书假设中的论述，PMO 的性质与低成本战略有很多契合的地方，从而可以互相支持。但是，假设 2.2 未获得支持。低成本战略与 PgM 的相关关系不显著，与本书的假设存在很大差异，这可能出于人们对 PgM 的误读，正如前文所述，当人们认为 PgM 仅仅是项目管理的简单延伸时，人们很难将它与战略相联系。假设 2.3 也未获得支持，低成本战略与 GR 存在正相关关系。比起 GR 消耗的成本，GR 降低成本的一面在样本中更为突出，从而能够支持低成本战略。假设 2.4 也未获得支持，低成本战略与 PSRM 存在正相关关系。从假设 2.1~2.4 的验证情况来看，低成本战略与除

PgM 之外的三种项目管理机制存在显著正相关。

第三，假设 2.5~2.8 均未获得支持。差异化战略与 PMO、PgM、GR、PSRM 相关关系为正，但均不显著。原因可能是由于项目管理机制是基于传统的项目管理规则发展而来的，而传统的项目管理规则更为注重标准化、规模化，从而导致差异化战略与项目管理机制的相关关系不显著。

第四，假设 3.1、假设 3.2 获得支持，低成本战略与差异化战略与企业绩效均存在正相关关系。这与相关学者的研究相吻合。

第七章　结论

第一节　研究结论

既有文献论述认为战略可以通过项目管理办公室（PMO）、项目群管理（PgM）、阶段门审查（GR）等机制得以实施。本书基于博弈模型，为现有通过项目管理机制实施战略的理论作了一个扩展，在研究框架中增加了一个重要的项目管理机制——项目利益相关方关系管理（PSRM），并以案例加以验证。从而，本书认为，业务战略可以通过项目管理办公室（PMO）、项目群管理（PgM）、阶段门审查（GR）、项目利益相关方关系管理（PSRM）等机制得以有效实施。在此基础上，通过济南市的企业数据探讨了 PMO、PgM、GR、PSRM 等项目管理机制在业务战略和企业绩效之间的中介效应。实证研究对研究假设的验证情况见表 7-1。

1. PSRM 是实施战略的另一个有效的项目管理机制

基于博弈模型，作者论述战略可以通过项目利益相关方关系管理（PSRM）这样一个项目管理机制得以实施，并以案例分析做了可靠的验证。利用济南市企业数据进行的实证研究也显示了 PSRM 在战略实施中的作用。从而得出本书的结论之一：战略可以通过 PSRM 这个项目管理机制得以实施。

表 7-1 研究假设验证

研究假设	检验结果
假设 1.1：PMO 与企业绩效存在正相关关系	支持
假设 1.2：PgM 与企业绩效存在正相关关系	支持
假设 1.3：GR 与企业绩效存在正相关关系	支持
假设 1.4：PSRM 与企业绩效存在正相关关系	支持
假设 2.1：低成本战略与 PMO 存在正相关关系	支持
假设 2.2：低成本战略与 PgM 存在正相关关系	不支持
假设 2.3：低成本战略与 GR 存在负相关关系	不支持
假设 2.4：低成本战略与 PSRM 存在负相关关系	不支持
假设 2.5：差异化战略与 PMO 存在正相关关系	不支持
假设 2.6：差异化战略与 PgM 存在正相关关系	不支持
假设 2.7：差异化战略与 GR 存在正相关关系	不支持
假设 2.8：差异化战略与 PSRM 存在正相关关系	不支持
假设 3.1：低成本战略与企业绩效正相关	支持
假设 3.2：差异化战略与企业绩效正相关	支持
假设 m1：PMO 是低成本战略和企业绩效的中介变量，低成本战略通过影响 PMO，进而影响企业绩效	支持
假设 m2：PgM 是低成本战略和企业绩效的中介变量，低成本战略通过影响 PgM，进而影响企业绩效	不支持
假设 m3：GR 不能作为低成本战略和企业绩效间的中介变量	不支持
假设 m4：PSRM 是低成本战略和企业绩效的中介变量，低成本战略通过影响 PRSM，进而影响企业绩效	支持
假设 m5：PMO 是差异化战略和企业绩效的中介变量，差异化战略通过影响 PMO，进而影响企业绩效	支持
假设 m6：PgM 是差异化战略和企业绩效的中介变量，差异化战略通过影响 PgM，进而影响企业绩效	不支持
假设 m7：GR 是差异化战略和企业绩效的中介变量，差异化战略通过影响 GR，进而影响企业绩效	支持
假设 m8：PSRM 是差异化战略和企业绩效的中介变量，差异化战略通过影响 PSRM，进而影响企业绩效	不支持

2. 直接效应

从“项目管理机制—企业绩效”、“业务战略—项目管理机制”、“业务战略—企业绩效”的直接效应检验结果来看：

第一，PMO、PgM、GR、PSRM 这些项目管理机制本身对企业绩效有直接作用。这与相关的项目管理理论是吻合的。有必要更好地发展这些项目管理机制，以便更好地提高企业绩效。

第二，低成本战略与PMO、GR、PSRM这三种项目管理机制存在正相关关系。低成本战略与PMO存在正相关关系，这符合研究假设中的论述，PMO的性质与低成本战略有很多契合的地方，从而可以互相支持；低成本战略与GR存在正相关关系，比起GR消耗的成本，GR降低成本的一面在样本企业中更为突出，从而能够支持低成本战略；低成本战略与PSRM存在正相关关系，在实践中，企业的项目利益相关方关系管理虽然所费不菲，但是从总体上来说，其所带来的收益大于成本，故仍然对低成本战略起到支持作用，所以低成本战略仍然选择、驱动PSRM。

但实证结果表明，低成本战略与PgM的相关关系并不显著。这与研究假设存在很大差异，原因可能与现有PgM的固有缺陷有关，正如第六章的论述，当PgM被人为机械化、官僚化，它与战略的连接将变得困难。

第三，差异化战略对PMO、PgM、GR、PSRM的影响为正相关关系，但均不显著。原因可能是由于项目管理机制是基于传统的项目管理规则发展而来的，而传统的、起源于建设工程的项目管理规则更为注重标准化、规模化，从而导致差异化战略与项目管理机制的相关关系不显著。

第四，低成本战略、差异化战略与企业绩效均存在正相关关系。这与相关学者的研究相吻合。

3. 中介效应

从PMO、PgM、GR、PSRM等项目管理机制在业务战略和企业绩效之间的中介效应来看：

第一，通过实证检验证明了项目管理机制的确可以在不同程度上成为业务战略的实施方式。PMO、GR、PSRM对“低成本战略—企业绩效”、PMO和GR对“差异化战略—企业绩效”起着显著的中介作用（其中PMO与GR对“低成本战略—企业绩效”起着完全中介的作用），从而这些项目管理机制确实成为业务战略实施的途径。所以，对企业而言，有必要发展项目管理机制，从而帮助实施业务战略。

第二，从研究结果看，项目管理机制对“低成本战略—企业绩效”、“差异化战略—企业绩效”的中介效应是不同的：①当 PMO、GR、PSRM 三个项目管理机制对“低成本战略—企业绩效”的中介作用均显著时，仅 PMO、GR 两个项目管理机制对“差异化战略—企业绩效”的中介作用显著；②PMO、GR 对“低成本战略—企业绩效”是完全的中介作用而对“差异化战略—企业绩效”仅是部分中介作用。项目管理机制对两类业务战略与企业绩效的中介效应之不同，说明在样本企业中，比起差异化战略，低成本战略更显著地选择、影响了项目管理机制。这显示当前比起差异化战略，低成本战略将更能借重项目管理机制的战略实施作用。

第二节　管理实践意义

1. 项目管理机制能够成为战略实施方式

上述结论表明，项目管理机制的确不同程度上在业务战略和企业绩效之间起到中介作用，从而成为业务战略实施的有效途径，这具有一定的管理实践意义。首先，研究认为，当组织普遍地并不缺少战略，而是缺少执行的时候，PMO、PgM、GR、PSRM 等项目管理机制作为战略实施的一种新方式，有必要在实践中更多地得到应用。其次，本书的实证结果为不同业务战略的实施提供了具体的指导。样本企业的数据运行结果显示，PMO、GR、PSRM 是低成本战略与企业绩效的中介变量，而 PMO 和 GR 是差异化战略与企业绩效的中介变量，从而，低成本战略可以更倚重 PMO、GR、

PSRM，而差异化战略相对的，应该更关注 PMO 和 GR 的运作。实践界可以根据组织的业务战略部署，在不同程度上发展相应的项目管理机制。

2. 项目管理机制和组织方法亟须提升

研究也发现项目管理机制并不都被业务战略驱动，也并未全部在业务战略和绩效之间起到中介作用。对其原因进行剖析主要有两个方面：

第一，现有的项目管理机制需要进一步发展。传统的项目管理机制是在环境相对稳定的条件下产生的，较多地支持标准化、同质化、大量重复的生产方式。李艳飞、杨飞雪（2007）发现传统的项目管理方法不适应现代企业的地方在于：它集中精力于时间、预算和性能指标这三个著名的限制条件上，忽略顾客的重要性；它注重常规的工期、预算、资源分配工具，无视管理和满足用户需求；它关注单个项目，缺乏多项目视角。对于以顾客需求为根本的差异化战略，传统项目管理机制的这些特质无法对其构成支持，相应的无法为差异化战略所采纳。这与 Keegan 和 Turner（2002）的观点是一致的，即传统的项目管理方法压制了创新。戚安邦（2004）在中国实践中的确发现项目管理实践仍然处于初级阶段，存在相互割裂、不系统和对于不确定性问题缺乏管理等方面的缺陷，项目管理机制的功能未随着社会需求的发展而发展，亟待理论界和企业界的拓展。

事实上，理论界已经认识到了这一点。当前，鉴于信息产业和知识经济的发展推进、各门相关学科发展与完善的影响、组织和经营环境不确定性的提高、既得利益分配格局的发展与变化、超竞争加剧等方面的因素，有关学者正在推动项目管理从传统的项目管理范式转向现代项目管理范式，其主要标志之一是项目管理知识体系（Project Management Body of Knowledge，PMBK）的诞生、应用和发展。现代项目管理范式由于对环境变化的密切关注及对自身的相应调整，将能够在业务战略与企业绩效之间起到更好的中介作用。

第二，对于项目管理机制的最佳实践，当前组织尚不能很好地应用。实证结果表明，在样本企业中，实施差异化战略的组织对项目管理机制的驱动并不显著，从而也就难以通过项目管理机制来实施。200多年来，因为“只要引进劳动分工，在任何企业中，劳动生产力都能相应提高”，所以，当前组织一般实行分工明确的职能制，设置财务、市场、生产等部门，各部门的职能人员长期固定，通常只对所在部门负责。企业执行差异化战略、需要组织有所创新而不是遵循常规时，组织往往需要面对不确定、跨部门的项目型任务，这种情况下组织常应对失措、缺乏灵活性。缺乏项目管理运作平台的长期性组织，无法有效实施项目管理。Thiry 和 Deguire（2007）也指出，由于传统的组织方法是以稳定、常规和秩序为主，因而，在把项目管理塞进组织这个铁笼的过程中，机械的、以控制为主的组织范式对项目管理机制将产生极大的遏制，项目管理灵活、动态的特性丢失了，它对管理的贡献被大幅度缩减。

所以，在环境变化日趋频繁的今天，组织有必要改变思维方式，灵活采用项目管理机制，围绕每个项目的要求和每个重要客户的需求创造或重塑新的组织结构。基于战略视角的项目管理需要借助一个系统的集成模型将企业范围内的项目管理活动形成有机整体。丁荣贵（2006）也认为IT企业制胜的关键在于通过搭建有效的项目平台迅速整合企业内外的人力资源去完成任务，而不是将任务分配给相对稳定的部门去完成。

就差异化战略而言，为了能够更好地借助项目管理机制实施战略，企业应考虑更为灵活的组织形式和组织管理，加强跨部门合作，从而更快感知和应对环境变化。如此不但能更好地进行战略实施，更为灵活的组织本身也是差异化战略得以更好实施的载体。

第三节　研究局限

本书通过博弈模型和案例分析导出的 PSRM，是对现有研究的一个理论扩展，在相关学者对 PMO、PgM、GR 作为战略实施方式的论述之外，补充了另一个重要的项目管理机制。这部分论述对通过项目管理机制实施战略的理论作了一个有益的补充。但论述也存在局限性，比如，博弈模型以完全信息为假设前提，虽然这是很多项目大多数情况下的情形，但是，现实中也存在很多不完全信息的情况（如市场信息、国内外政治局势的瞬息变幻等，均可能造成不确定性），因此，怎样将完全信息条件下的结论扩展到不完全信息博弈情形中去，值得进一步研究。比如，模型假设合同时序总量保持不变，这给模型的应用带来了新的限制。在现实中，由于环境变化、设计变更等情况，合同总量产生变化的情形时有发生。当然，较为简单的方法是把变更部分作为另外一个合同进行处理。但是对模型进行调整，给予合同供应量一个变量，研究在此情况下的博弈情形，这也是未来的研究方向。

本书选取了一个崭新的主题，为战略实施找到了一个新的方向，对于企业业务战略的执行有着一定的理论和实践意义。但选题较新的同时也意味着研究还处在初级阶段（Infant Stage），所以，研究较为缺乏理论基础。首先，作为本书理论基础之一的项目管理研究本身，不管在国内还是国外，总是在主流管理领域内呈现边缘化的状态，造成研究较难汲取现有管理学研究丰富的营养。这样的理论基础现状，可能影响本书的科学演绎，也影响研究结果的说服力。其次，从总体上来看，当前项目管理领域与一般管理领域缺乏对话，其协作关系尚未很好建立。项目管理领域与战略管理领域各成体系，各自领域的研究者很少考虑相互的存在，这使得本书很大程度上是在摸索中进行的，从而影响本书的理论深度。

数据的取得也存在局限。比如，研究仅在济南市企业中做了截面数据调查，结论的推广能力有待进一步验证。

第四节　研究展望

如何将完全信息条件下的结论扩展到不完全信息博弈情形中去，值得进一步研究。对模型进行调整，给予合同时序总量一个变量，研究在此情况下的博弈情形，这也是未来的研究方向。

已经有很多学者正在开始尝试为项目管理领域寻找更深层次的理论基础，把项目管理置于组织管理理论甚至社会学理论中，从而使项目管理学科能够从主流学科中汲取知识。未来的研究有必要以此为基础，从更为深层次的理论背景中，更系统地探讨这个主题。

在实证检验部分，后续研究可以跨地区、跨时段取得数据以检验这些中介效应的普适性，从而使研究更为深入。

附录一　调查问卷完全指标稿

“战略模式—项目管理机制—企业绩效”调查问卷

尊敬的朋友：

您好！感谢您配合调查。您看到的这份问卷试图探索项目管理机制对业务战略实施所起的作用。问卷纯为学术研究之用，无其他任何目的，研究结果不反映您和您所在企业的具体信息，并将严格保密，因此您无须有任何顾虑。回答没有对错之分。您的参与对我们的研究至关重要，衷心感谢您的支持！如果您愿意分享我们的成果，请在此留下您的 E-mail____________________，我们将奉上最终研究结果。

一、企业基本情况

1. 贵公司成立了______：

□2 年及以下　　□3~5 年　　□6~10 年

□11~20 年　　□21 年以上

2. 贵公司的所有制性质：

□国有独资　　□国有控股　　□合资

□外资　　□民营　　□其他

3. 贵公司的组织形式：

□有限责任公司　　□股份有限公司　　□合伙企业

□其他

4. 贵公司的注册资本：

□≤200 万元　□201 万~1000 万元

□1001 万~5000 万元　□5001 万~10000 万元

□>10000 万元

5. 贵公司的员工数量：

□≤100 人　□101~300 人　□301~1000 人

□1001~2000 人　□>2000 人

6. 贵公司面临的竞争激烈程度是：

□几乎没有竞争　□微弱竞争　□一般竞争

□比较激烈　□非常激烈

7. 贵公司的主营业务属于哪一个行业：

□制造　□机械　□公共管理/国防

□电机电气　□建筑业　□电信

□IT　□服务业　□贸易

□化工/药业　□金融

□其他（请注明：____________）

8. 贵公司所处行业属于以下两类中的哪一类：①类似建设、软件、物流、航空航天、能源交通等行业，行业内普遍存在“××项目”、“项目管理”、“项目经理”等提法的，称为“传统项目管理行业”；②不存在这些明确提法的行业，称为“非传统项目管理行业”。则贵公司属于：

□传统项目管理行业　□非传统项目管理行业

二、战略类型

下列描述与贵公司实际情况的吻合程度：与行业中的其他竞争对手相比，贵公司：

	完全不吻合	比较不吻合	中立	比较吻合	完全吻合
经常开发新产品/服务	□	□	□	□	□
产品/服务具有独特性	□	□	□	□	□
提供更多、更广的产品/服务种类	□	□	□	□	□
经常进行市场研究，寻求新的产品/服务机会	□	□	□	□	□
产品/服务成本低于竞争对手	□	□	□	□	□
产品/服务及生产过程利于降低成本	□	□	□	□	□
经常提高产品/服务及设备的利用率	□	□	□	□	□
经常进行成本分析	□	□	□	□	□
常为控制成本而改进设备或辅助性服务	□	□	□	□	□

三、企业绩效

贵公司的以下财务指标和同行业中的其他企业相比：

	很低	比较低	中等	比较高	很高
市场份额（企业销售额/行业总销售额）	□	□	□	□	□
销售收入增长率（去年销售额/前年销售额）	□	□	□	□	□
资产回报率（利润/总资产）	□	□	□	□	□
利润/总销售额	□	□	□	□	□

四、项目管理办公室的存在状况

本部分问卷希望了解贵公司是否存在项目管理办公室或类似机构。

在您的组织中，项目管理办公室也可能被称为项目办公室、项目支持办公室、项目群管理办公室、项目管理中心或其他名字。我们定义的项目管理办公室是一个机构，在整个组织内协助项目团队实施项目管理方法，进而实现企业的战略目标。

前人研究表明，在大多数组织中，项目管理办公室具有以下 6

个功能：开发和维护项目管理标准和方法、项目历史文档管理、提供项目行政支持、提供项目人力资源协助、提供项目管理咨询和指导、提供或安排项目管理培训等。

1. 以下描述最能说明贵公司的项目管理办公室总体情况的是：

□无机构承担项目管理办公室的功能，企业也未计划在组织内发展此能力

□无机构承担项目管理办公室的功能，不过，企业计划将来在组织内发展此能力

□有机构承担项目管理办公室的功能，但这些功能分散于各个部门，无主导部门

□有机构承担项目管理办公室的功能，但这些功能分散于各个部门，有主导部门

□有一个机构完全承担项目管理办公室的功能

2. 对以下说法与贵公司实际情况的吻合程度，您认为是：

	完全不吻合	比较不吻合	中立	比较吻合	完全吻合
公司认为项目管理办公室很重要	□	□	□	□	□
公司注重项目管理标准的开发和维护	□	□	□	□	□
公司注重项目历史文档的管理	□	□	□	□	□
公司积极为项目提供行政支持	□	□	□	□	□
公司积极为项目提供人力资源协助	□	□	□	□	□
公司重视为项目提供咨询和指导	□	□	□	□	□
公司重视为项目提供项目管理培训	□	□	□	□	□
项目管理办公室或类似机构运作很好	□	□	□	□	□
项目管理办公室给企业带来了收益	□	□	□	□	□

五、项目群管理的存在状况

本部分问卷希望了解项目群管理在贵公司的使用状况。

项目群管理是指对具有内在联系的若干项目进行统一组织、协

调，从而实现资源共享，获取更多的利益。以房地产业举例如下：

1. 采用同一技术的项目，可以考虑由同一个团队承担。比如某房地产公司各地不同楼盘的宣传策划，可由同一个团队来承担——这些不同楼盘的策划对于这个团队即是一个项目群。这种项目群可以共享专业能力、专业队伍、专业网络——项目群的内在联系是技术。

2. 同属某一区域、开盘时间相近的几个楼盘，可以构成一个项目群。

3. 同一个楼盘从建设、销售到交房等，也可以看成是一个项目群。

（1）项目实施中，一旦遇到以下可组成项目群的多个项目，贵公司会采用项目群管理吗？

	一定不会	很少会	偶尔会	经常会	总是会
可以采用同一技术的	□	□	□	□	□
处在同一区域中的	□	□	□	□	□
为共同客户服务的	□	□	□	□	□
提交类似产品的	□	□	□	□	□
其他可以组成一个项目群的项目	□	□	□	□	□

（2）对以下说法与贵公司实际情况的吻合程度，您认为是：

	完全不吻合	比较不吻合	中立	比较吻合	完全吻合
公司认为项目群管理对企业很重要	□	□	□	□	□
当出现可以构成项目群的项目时，公司会优先考虑组成项目群	□	□	□	□	□
公司经常采用项目群管理	□	□	□	□	□
项目群管理在企业中运作良好	□	□	□	□	□
项目群管理的确给企业带来了收益	□	□	□	□	□

六、阶段审查的存在状况

本部分问卷希望了解贵公司“阶段审查”的存在状况。下面的例子将使您了解，它并不像它的名字那么陌生。

阶段审查，是指当项目进行到某个关键环节时，或者当项目遇到内外环境的重大变化时，对项目进行的计划内或者计划外的审查，以便决定继续、调整或者中止该项目。计划内的如：企业在项目可行性研究、设计等重要工作完成，即将进入下一阶段时，对项目进行的审查；计划外的如“国六条”出台，房地产公司对项目进行相应的审查（以便战略调整）等。

1. 项目实施中，一旦遇到以下重要时刻，贵公司会进行阶段审查吗?

	一定不会	很少会	偶尔会	经常会	总是会
可行性研究完成，将进入下一阶段时	□	□	□	□	□
设计完成，将进入下一阶段时	□	□	□	□	□
其他重要阶段（如新产品投入市场）之前	□	□	□	□	□
市场变动剧烈时	□	□	□	□	□
政府倡导方向及政策调整时	□	□	□	□	□

2.下面对贵公司阶段审查的一些描述，您认为与贵公司实际情况的吻合程度是：

	完全不吻合	比较不吻合	中立	比较吻合	完全吻合
公司认为阶段审查很重要	□	□	□	□	□
公司为阶段审查确定了责任部门	□	□	□	□	□
公司经常进行阶段审查	□	□	□	□	□
公司认为阶段审查利于企业发展	□	□	□	□	□
公司的阶段审查进展良好	□	□	□	□	□
计划内阶段审查已形成程序	□	□	□	□	□
存在一个反馈系统，负责启动计划外阶段审查（如顾客意见反馈）	□	□	□	□	□

七、项目相关方关系管理的存在状况

项目的利益相关方包括企业之外、与项目有着利益关系的各方（他们可能影响项目、项目也可能影响他们），不同的项目、项目的不同阶段有不同的利益相关方，可能包括：供应商、政府、顾客、周边居民等（简称“项目相关方”）。企业各个项目的成功与否，不同程度决定于项目的利益相关方，所以需要对其进行关系管理。本部分问卷试图探索贵公司“项目相关方关系管理”现状。

下面对贵公司“项目相关方关系管理”的一些描述，您认为与贵公司实际情况的吻合程度是（因为对不同相关方的态度可能不同，所以，请填写总体情况）：

	完全不吻合	比较不吻合	中立	比较吻合	完全吻合
公司管理层支持“项目相关方关系管理”	□	□	□	□	□
公司希望和项目相关方长期合作	□	□	□	□	□
公司重视定期更新项目相关方的资料	□	□	□	□	□
公司主动、定期与项目相关方联络、沟通	□	□	□	□	□
公司会与项目相关方分享对后者有利的信息	□	□	□	□	□
公司关注项目相关方的反应，必要时进行某种调整（如对客户关于设计标准的要求做出反应），以最终有利于实现项目	□	□	□	□	□
需要时，公司会为项目相关方提供培训和讲座	□	□	□	□	□
当项目相关方为项目提供服务时（如供应商供货、客户提供设计标准、政府提供场地等），公司会积极协助	□	□	□	□	□
公司与项目相关方协调良好	□	□	□	□	□

附录二　调查问卷定稿

“战略模式—项目管理机制—企业绩效”调查问卷

尊敬的朋友：

您好！感谢您配合调查。您看到的这份问卷试图探索项目管理机制对战略实施所起的作用。问卷纯为学术研究之用，无其他任何目的，研究结果不反映您和您所在企业的具体信息，并将严格保密。您的参与对我们的研究至关重要，衷心感谢您的支持！如果您愿意分享我们的成果，请在此留下您的 E-mail____________________，我们将奉上最终研究结果。

一、企业基本情况

1. 贵公司成立了：

□2 年及以下　　□3~5 年　　□6~10 年

□11~20 年　　□21 年以上

2. 贵公司的所有制性质：

□国有独资　　□国有控股　　□合资

□外资　　□民营　　□其他

3. 贵公司的组织形式：

□有限责任公司　　□股份有限公司　　□合伙企业

□其他

4. 贵公司的注册资本：

□≤200 万元　□201 万~1000 万元

□1001 万~5000 万元　□5001 万~10000 万元

□>10000 万元

5. 贵公司的员工数量：

□≤100 人　□101~300 人　□301~1000 人

□1001~2000 人　□>2000 人

6. 贵公司面临的竞争激烈程度是：

□几乎没有竞争　□微弱竞争　□一般竞争

□比较激烈　□非常激烈

7. 贵公司的主营业务属于哪一个行业：

□制造　□机械　□公共管理/国防

□电机电气　□建筑业　□电信

□IT　□服务业　□贸易

□化工/药业　□金融

□其他（请注明：______________）

8. 贵公司所处行业属于以下两类中的哪一类：①类似建设、软件、物流、航空航天、能源交通等行业，行业内普遍存在"××项目"、"项目管理"、"项目经理"等提法的，称为"传统项目管理行业"；②不存在这些明确提法的行业，称为"非传统项目管理行业"。则贵公司属于：

□传统项目管理行业　□非传统项目管理行业

二、战略类型

下列描述与贵公司实际情况的吻合程度：与行业中的其他竞争对手相比，贵公司：

	完全不吻合	比较不吻合	一般吻合	比较吻合	完全吻合
经常开发新产品/服务	□	□	□	□	□
产品/服务具有独特性	□	□	□	□	□
提供更多、更广的产品/服务种类	□	□	□	□	□
经常进行市场研究，寻求新的产品/服务机会	□	□	□	□	□
产品/服务成本低于竞争对手	□	□	□	□	□
产品/服务及生产过程利于降低成本	□	□	□	□	□
经常提高产品/服务及设备的利用率	□	□	□	□	□
经常进行成本分析	□	□	□	□	□
常为控制成本而改进设备或辅助性服务	□	□	□	□	□

三、项目管理办公室的存在状况

本部分问卷希望了解贵公司是否存在项目管理办公室或类似机构。

在您的组织中，项目管理办公室也可能被称为项目办公室、项目支持办公室、项目群管理办公室、项目管理中心或其他名字。我们定义的项目管理办公室是一个机构，在整个组织内协助项目团队实施项目管理方法。

1. 以下描述最能说明贵公司的项目管理办公室总体情况的是：

□无机构承担项目管理办公室的功能，企业也未计划在组织内发展此能力

□无机构承担项目管理办公室的功能，不过，企业计划将来在组织内发展此能力

□有机构承担项目管理办公室的功能，但这些功能分散于各个部门，无主导部门

□有机构承担项目管理办公室的功能，但这些功能分散于各个部门，有主导部门

□有一个机构完全承担项目管理办公室的功能

2. 对以下说法与贵公司实际情况的吻合程度，您认为是：

	完全不吻合	比较不吻合	一般吻合	比较吻合	完全吻合
公司认为项目管理办公室很重要	□	□	□	□	□
公司注重项目管理标准的开发和维护	□	□	□	□	□
项目管理办公室或类似机构运作很好	□	□	□	□	□
项目管理办公室给企业带来了收益	□	□	□	□	□

四、项目群管理的存在状况

本部分问卷希望了解项目群管理在贵公司的使用状况。

项目群管理是指对具有内在联系的若干项目进行统一组织、协调，从而实现资源共享，获取更多的利益。以房地产业举例如下：

1. 采用同一技术的项目，可以考虑由同一个团队承担。比如某房地产公司各地不同楼盘的宣传策划，可由同一个团队来承担——这些不同楼盘的策划对于这个团队即是一个项目群。这种项目群可以共享专业能力、专业队伍、专业网络——项目群的内在联系是技术。

2. 同属某一区域、开盘时间相近的几个楼盘，可以构成一个项目群。

3. 同一个楼盘从建设、销售到交房等，也可以看成是一个项目群。

项目实施中，一旦遇到以下可组成项目群的多个项目，贵公司会采用项目群管理吗？

	一定不会	很少会	偶尔会	经常会	总是会
可以采用同一技术的	□	□	□	□	□
处在同一区域中的	□	□	□	□	□
为共同客户服务的	□	□	□	□	□
提交类似产品的	□	□	□	□	□
其他可以组成一个项目群的项目	□	□	□	□	□

五、阶段审查的存在状况

本部分问卷希望了解贵公司“阶段审查”的存在状况。

阶段审查，是指当项目进行到某个关键环节时，或者当项目遇到内外环境的重大变化时，对项目进行的计划内或者计划外的审查，以便决定继续、调整或者中止该项目。计划内的如：企业在项目可行性研究、设计等重要工作完成，即将进入下一阶段时，对项目进行的审查；计划外的如“国六条”出台，房地产公司对项目进行相应的审查（以便战略调整）等。项目实施中，一旦遇到以下重要时刻，贵公司会进行阶段审查吗？

	一定不会	很少会	偶尔会	经常会	总是会
可行性研究完成，将进入下一阶段时	□	□	□	□	□
设计完成，将进入下一阶段时	□	□	□	□	□
其他重要阶段（如新产品投入市场）之前	□	□	□	□	□
市场变动剧烈时	□	□	□	□	□
政府倡导方向及政策调整时	□	□	□	□	□

六、项目相关方关系管理的存在状况

项目的利益相关方包括与项目有着利益关系的各方，不同的项目、项目的不同阶段有不同的利益相关方，可能包括：供应商、政府、顾客、周边居民等（简称“项目相关方”）。企业各个项目的成功与否，不同程度决定于项目的利益相关方，所以需要对其进行关系管理。本部分问卷试图探索贵公司“项目相关方关系管理”现状。下面对贵公司“项目相关方关系管理”的一些描述，您认为与贵公司实际情况的吻合程度是（因为对不同相关方的态度可能不同，所以，请填写总体情况）：

	完全不吻合	比较不吻合	一般吻合	比较吻合	完全吻合
公司希望和项目相关方长期合作	□	□	□	□	□
公司重视定期更新项目相关方的资料	□	□	□	□	□
公司主动、定期与项目相关方联络、沟通	□	□	□	□	□
公司会与项目相关方分享对后者有利的信息	□	□	□	□	□
公司关注项目相关方的反应，必要时进行某种调整（如对客户关于设计标准的要求做出反应），以最终有利于实现项目	□	□	□	□	□
公司与项目相关方协调良好	□	□	□	□	□

七、企业绩效

贵公司的以下财务指标和同行业中的其他企业相比：

	很低	比较低	中等	比较高	很高
市场份额（企业销售额/行业总销售额）	□	□	□	□	□
销售收入增长率（去年销售额/前年销售额）	□	□	□	□	□
资产回报率（利润/总资产）	□	□	□	□	□
利润/总销售额	□	□	□	□	□

附录三　样本的描述性统计

描述性统计

项目	样本数	最小值	最大值	均值	标准差	偏度		峰度	
	统计量	统计量	统计量	统计量	统计量	统计量	标准误	统计量	标准误
司龄	179	1	5	3.70	1.145	-0.534	0.182	-0.597	0.361
所有制	179	1	6	3.25	1.535	-0.204	0.182	-1.458	0.361
组织形式	179	1	4	1.56	0.848	1.641	0.182	2.125	0.361
注册资本	179	1	5	3.69	1.358	-0.490	0.182	-1.146	0.361
固定资产	179	1	5	3.70	1.467	-0.597	0.182	-1.133	0.361
员工数	179	1	5	3.01	1.523	0.116	0.182	-1.455	0.361
竞争程度	179	1	5	4.03	0.980	-1.180	0.182	1.414	0.361
行业	179	1	2	1.40	0.491	0.426	0.182	-1.839	0.361
D1	179	1	5	3.50	1.083	-0.329	0.182	-0.660	0.361
D2	179	1	5	3.45	0.978	-0.393	0.182	-0.009	0.361
D3	179	1	5	3.47	1.029	-0.385	0.182	-0.188	0.361
D4	179	1	5	3.59	0.987	-0.349	0.182	-0.468	0.361
C1	179	1	5	3.07	1.039	0.036	0.182	-0.452	0.361
C2	179	1	5	3.17	0.988	-0.001	0.182	-0.537	0.361
C3	179	1	5	3.50	0.991	-0.220	0.182	-0.593	0.361
C4	179	1	5	3.69	1.060	-0.502	0.182	-0.639	0.361
C5	179	1	5	3.49	1.098	-0.209	0.182	-0.938	0.361
P1	179	1	5	3.28	0.948	-0.307	0.182	-0.166	0.361
P2	179	1	5	3.45	0.829	-0.176	0.182	-0.282	0.361
P3	179	1	5	3.38	0.881	-0.127	0.182	-0.121	0.361
P4	179	1	5	3.23	0.860	-0.086	0.182	0.008	0.361
PMO1	179	1	5	3.30	1.090	-0.665	0.182	-0.257	0.361
PMO2	179	1	5	3.45	1.092	-0.427	0.182	-0.398	0.361
PMO3	179	1	5	3.39	0.990	-0.486	0.182	0.008	0.361

续表

项目	样本数	最小值	最大值	均值	标准差	偏度		峰度	
	统计量	统计量	统计量	统计量	统计量	统计量	标准误	统计量	标准误
PMO9	179	1	5	3.17	1.043	-0.413	0.182	-0.433	0.361
PMO10	179	1	5	3.28	1.022	-0.456	0.182	-0.031	0.361
PGM1	179	1	5	3.45	0.973	-0.717	0.182	0.124	0.361
PGM2	179	1	5	3.50	0.889	-0.525	0.182	0.168	0.361
PGM3	179	1	5	3.69	0.907	-0.799	0.182	0.594	0.361
PGM4	179	1	5	3.56	0.906	-0.887	0.182	0.487	0.361
PGM5	179	1	5	3.35	0.932	-0.492	0.182	-0.159	0.361
GR1	179	1	5	3.83	0.911	-0.687	0.182	0.218	0.361
GR2	179	1	5	3.90	0.868	-0.741	0.182	0.359	0.361
GR3	179	1	5	3.87	0.868	-0.582	0.182	0.077	0.361
GR4	179	1	5	3.90	0.849	-0.699	0.182	0.668	0.361
GR5	179	1	5	3.88	0.869	-0.807	0.182	0.713	0.361
PSRM2	179	1	5	3.70	0.872	-0.619	0.182	0.257	0.361
PSRM3	179	1	5	3.52	0.914	-0.371	0.182	-0.363	0.361
PSRM4	179	1	5	3.58	0.886	-0.445	0.182	-0.109	0.361
PSRM5	179	1	5	3.40	0.890	-0.192	0.182	-0.403	0.361
PSRM6	179	1	5	3.68	0.865	-0.530	0.182	0.433	0.361
PSRM9	179	1	5	3.69	0.821	-0.483	0.182	0.439	0.361
Valid N （listwise）	179								

附录四　独立样本 T 检验

组别统计量

	序号	个数	平均数	标准差	平均数的标准误
司龄	≥99	86	3.67	1.089	0.117
	<99	93	3.73	1.199	0.124
所有制	≥99	86	3.52	1.539	0.166
	<99	93	2.99	1.493	0.155
组织形式	≥99	86	1.43	0.744	0.080
	<99	93	1.69	0.921	0.095
注册资本	≥99	86	3.52	1.395	0.150
	<99	93	3.84	1.313	0.136
固定资产	≥99	86	3.53	1.554	0.168
	<99	93	3.86	1.372	0.142
员工数	≥99	86	2.87	1.555	0.168
	<99	93	3.13	1.491	0.155
竞争程度	≥99	86	4.05	0.957	0.103
	<99	93	4.01	1.005	0.104
行业	≥99	86	1.36	0.483	0.052
	<99	93	1.43	0.498	0.052
D1	≥99	86	3.44	1.144	0.123
	<99	93	3.56	1.026	0.106
D2	≥99	86	3.48	1.003	0.108
	<99	93	3.43	0.960	0.100
D3	≥99	86	3.57	1.046	0.113
	<99	93	3.38	1.010	0.105
D4	≥99	86	3.74	0.897	0.097
	<99	93	3.45	1.048	0.109

续表

	序号	个数	平均数	标准差	平均数的标准误
C1	≥99	86	3.15	1.023	0.110
	<99	93	3.00	1.053	0.109
C2	≥99	86	3.33	0.913	0.098
	<99	93	3.03	1.037	0.108
C3	≥99	86	3.62	0.935	0.101
	<99	93	3.39	1.032	0.107
C4	≥99	86	3.81	0.939	0.101
	<99	93	3.58	1.155	0.120
C5	≥99	86	3.67	1.034	0.112
	<99	93	3.31	1.132	0.117
P1	≥99	86	3.33	0.951	0.103
	<99	93	3.24	0.949	0.098
P2	≥99	86	3.50	0.748	0.081
	<99	93	3.41	0.900	0.093
P3	≥99	86	3.40	0.898	0.097
	<99	93	3.37	0.870	0.090
P4	≥99	86	3.20	0.823	0.089
	<99	93	3.26	0.896	0.093
PMO1	≥99	86	3.33	1.079	0.116
	<99	93	3.27	1.105	0.115
PMO2	≥99	86	3.49	1.093	0.118
	<99	93	3.42	1.097	0.114
PMO3	≥99	86	3.52	1.026	0.111
	<99	93	3.26	0.943	0.098
PMO9	≥99	86	3.23	1.014	0.109
	<99	93	3.12	1.072	0.111
PMO10	≥99	86	3.37	1.074	0.116
	<99	93	3.19	0.970	0.101
PGM1	≥99	86	3.53	0.966	0.104
	<99	93	3.38	0.977	0.101
PGM2	≥99	86	3.50	0.851	0.092
	<99	93	3.49	0.928	0.096
PGM3	≥99	86	3.81	0.847	0.091
	<99	93	3.57	0.949	0.098

续表

	序号	个数	平均数	标准差	平均数的标准误
PGM4	≥99	86	3.67	0.860	0.093
	<99	93	3.45	0.939	0.097
PGM5	≥99	86	3.45	0.863	0.093
	<99	93	3.25	0.985	0.102
GR1	≥99	86	3.90	0.933	0.101
	<99	93	3.76	0.890	0.092
GR2	≥99	86	3.91	0.890	0.096
	<99	93	3.89	0.853	0.088
GR3	≥99	86	3.84	0.838	0.090
	<99	93	3.90	0.898	0.093
GR4	≥99	86	3.86	0.910	0.098
	<99	93	3.94	0.791	0.082
GR5	≥99	86	3.91	0.863	0.093
	<99	93	3.86	0.880	0.091
PSRM2	≥99	86	3.80	0.865	0.093
	<99	93	3.61	0.873	0.090
PSRM3	≥99	86	3.69	0.911	0.098
	<99	93	3.37	0.894	0.093
PSRM4	≥99	86	3.76	0.853	0.092
	<99	93	3.42	0.889	0.092
PSRM5	≥99	86	3.59	0.831	0.090
	<99	93	3.22	0.907	0.094
PSRM6	≥99	86	3.77	0.777	0.084
	<99	93	3.59	0.935	0.097
PSRM9	≥99	86	3.85	0.790	0.085
	<99	93	3.55	0.828	0.086

独立样本检验

		方差相等的 Levene 检验		平均数相等的 t 检验						
		F 检验	显著性	t	自由度	显著性（双侧）	平均差异	标准误差异	差异的 95%的置信区间 下界	差异的 95%的置信区间 上界
司龄	A	0.427	0.514	-0.331	177	0.741	-0.06	0.172	-0.396	0.282
	B			-0.332	176.948	0.740	-0.06	0.171	-0.394	0.281
所有制	A	0.000	0.996	2.356	177	0.020	0.53	0.227	0.087	0.981
	B			2.353	174.902	0.020	0.53	0.227	0.086	0.982
组织形式	A	3.115	0.079	-2.051	177	0.042	-0.26	0.126	-0.506	-0.010
	B			-2.068	173.956	0.040	-0.26	0.125	-0.504	-0.012
注册资本	A	1.879	0.172	-1.558	177	0.121	-0.32	0.202	-0.715	0.084
	B			-1.555	173.634	0.122	-0.32	0.203	-0.716	0.085
固定资产	A	3.914	0.049	-1.487	177	0.139	-0.33	0.219	-0.757	0.106
	B			-1.480	170.045	0.141	-0.33	0.220	-0.759	0.109
员工数	A	0.090	0.764	-1.128	177	0.261	-0.26	0.228	-0.706	0.192
	B			-1.127	174.448	0.261	-0.26	0.228	-0.707	0.193
竞争程度	A	0.123	0.726	0.243	177	0.808	0.04	0.147	-0.254	0.326
	B			0.244	176.849	0.808	0.04	0.147	-0.254	0.325
行业	A	3.383	0.068	-0.949	177	0.344	-0.07	0.073	-0.215	0.075
	B			-0.950	176.585	0.344	-0.07	0.073	-0.214	0.075
D1	A	2.458	0.119	-0.723	177	0.471	-0.12	0.162	-0.437	0.203
	B			-0.720	171.077	0.473	-0.12	0.163	-0.439	0.204
D2	A	0.097	0.756	0.318	177	0.751	0.05	0.147	-0.243	0.336
	B			0.317	174.404	0.751	0.05	0.147	-0.243	0.337
D3	A	0.116	0.734	1.258	177	0.210	0.19	0.154	-0.110	0.497
	B			1.256	174.721	0.211	0.19	0.154	-0.110	0.497
D4	A	4.944	0.027	1.999	177	0.047	0.29	0.146	0.004	0.581
	B			2.011	175.969	0.046	0.29	0.145	0.005	0.580
C1	A	0.463	0.497	0.973	177	0.332	0.15	0.155	-0.156	0.458
	B			0.974	176.553	0.332	0.15	0.155	-0.155	0.458
C2	A	0.151	0.698	2.002	177	0.047	0.29	0.147	0.004	0.582
	B			2.012	176.591	0.046	0.29	0.146	0.006	0.581
C3	A	0.889	0.347	1.552	177	0.122	0.23	0.148	-0.062	0.521
	B			1.558	176.928	0.121	0.23	0.147	-0.061	0.519

续表

		方差相等的 Levene 检验		平均数相等的 t 检验						
		F 检验	显著性	t	自由度	显著性（双侧）	平均差异	标准误差异	差异的 95%的置信区间	
									下界	上界
C4	A	7.196	0.008	1.476	177	0.142	0.23	0.158	−0.079	0.545
	B			1.488	174.231	0.139	0.23	0.157	−0.076	0.543
C5	A	1.575	0.211	2.231	177	0.027	0.36	0.163	0.042	0.683
	B			2.239	176.974	0.026	0.36	0.162	0.043	0.682
P1	A	0.225	0.636	0.627	177	0.532	0.09	0.142	−0.191	0.369
	B			0.626	175.839	0.532	0.09	0.142	−0.191	0.369
P2	A	3.361	0.068	0.736	177	0.463	0.09	0.124	−0.154	0.336
	B			0.741	175.046	0.460	0.09	0.123	−0.152	0.335
P3	A	0.309	0579	0.225	177	0.822	0.03	0.132	−0.231	0.291
	B			0.225	174.850	0.822	0.03	0.132	−0.231	0.291
P4	A	0.520	0.472	−0.468	177	0.640	−0.06	0.129	−0.315	0.194
	B			−0.470	176.995	0.639	−0.06	0.128	−0.314	0.193
PMO1	A	0.022	0.883	0.347	177	0.729	0.06	0.163	−0.266	0.379
	B			0.348	176.471	0.728	0.06	0.163	−0.265	0.379
PMO2	A	0.013	0.911	0.421	177	0.674	0.07	0.164	−0.254	0.392
	B			0.421	176.007	0.674	0.07	0.164	−0.254	0.392
PMO3	A	1.228	0.269	1.802	177	0.073	0.27	0.147	−0.025	0.556
	B			1.796	172.450	0.074	0.27	0.148	−0.026	0.557
PMO9	A	0.312	0.577	0.731	177	0.465	0.11	0.156	−0.194	0.423
	B			0.733	176.907	0.464	0.11	0.156	−0.193	0.422
PMO10	A	1.976	0.162	1.169	177	0.244	0.18	0.153	−0.123	0.480
	B			1.164	171.431	0.246	0.18	0.153	−0.124	0.481
PGM1	A	0.278	0.599	1.090	177	0.277	0.16	0.145	−0.128	0.446
	B			1.091	176.190	0.277	0.16	0.145	−0.128	0.445
PGM2	A	0.457	0.500	0.040	177	0.968	0.01	0.133	−0.258	0.269
	B			0.040	176.987	0.968	0.01	0.133	−0.257	0.268
PGM3	A	3.304	0.071	1.810	177	0.072	0.24	0.135	−0.022	0.510
	B			1.818	176.793	0.071	0.24	0.134	−0.021	0.509
PGM4	A	1.674	0.197	1.652	177	0.100	0.22	0.135	−0.043	0.489
	B			1.657	176.987	0.099	0.22	0.134	−0.042	0.488
PGM5	A	1.308	0.254	1.484	177	0.140	0.21	0.139	−0.068	0.480
	B			1.492	176.494	0.138	0.21	0.138	−0.067	0.479

续表

		方差相等的 Levene 检验		平均数相等的 t 检验						
		F 检验	显著性	t	自由度	显著性（双侧）	平均差异	标准误差异	差异的 95%的置信区间	
									下界	上界
GR1	A	0.093	0.761	0.968	177	0.334	0.13	0.136	–0.137	0.401
	B			0.966	174.203	0.335	0.13	0.137	–0.138	0.401
GR2	A	1.026	0.312	0.111	177	0.911	0.01	0.130	–0.243	0.272
	B			0.111	174.461	0.912	0.01	0.130	–0.243	0.272
GR3	A	0.061	0.806	–0.507	177	0.612	–0.07	0.130	–0.323	0.191
	B			–0.509	176.982	0.612	–0.07	0.130	–0.322	0.190
GR4	A	3.995	0.047	–0.590	177	0.556	–0.08	0.127	–0.326	0.176
	B			–0.587	169.093	0.558	–0.08	0.128	–0.327	0.177
GR5	A	0.123	0.726	0.359	177	0.720	0.05	0.130	–0.211	0.304
	B			0.359	176.381	0.720	0.05	0.130	–0.210	0.304
PSRM2	A	0.043	0.836	1.457	177	0.147	0.19	0.130	–0.067	0.446
	B			1.457	176.132	0.147	0.19	0.130	–0.067	0.446
PSRM3	A	0.002	0.963	2.374	177	0.019	0.32	0.135	0.054	0.587
	B			2.372	175.346	0.019	0.32	0.135	0.054	0.587
PSRM4	A	0.612	0.435	2.580	177	0.011	0.34	0.130	0.079	0.594
	B			2.584	176.745	0.011	0.34	0.130	0.079	0.593
PSRM5	A	0.307	0.580	2.899	177	0.004	0.38	0.130	0.121	0.635
	B			2.909	176.987	0.004	0.38	0.130	0.122	0.634
PSRM6	A	3.267	0.072	1.364	177	0.174	0.18	0.129	–0.079	0.431
	B			1.373	175.053	0.171	0.18	0.128	–0.077	0.429
PSRM9	A	1.839	0.177	2.480	177	0.014	0.30	0.121	0.061	0.540
	B			2.485	176.820	0.014	0.30	0.121	0.062	0.539

注：A：假设方差相等。
　　B：不假设方差相等。

参考文献

[1] 赫雷比尼亚克. 有效的执行 [M]. 北京：中国人民大学出版社，2006.

[2] 秦杨勇. 平衡记分卡与绩效管理 [M]. 北京：中国经济出版社，2005.

[3] 戚安邦. 论组织使命、战略、项目和运营的全面集成管理 [J]. 科学学与科学技术管理，2004 (3)：110-113.

[4] Thomas, L.G., D'Aveni, R. The Rise of Hypercompetition in the U.S. Manufacturing Sector, 1950-2002 [C]. 2004, Working Paper.

[5] 翁君奕. 差别产品的动态完全竞争 [J]. 中国工业经济，2005 (9)：106-113.

[6] 柳卸林. 管理范式的转变——从生产型到技术创新型 [J]. 中国软科学，1997 (2)：121-123.

[7] 翁君奕. 面向动态完全竞争构建多维协同组合战略 [J]. 南开管理评论，2007 (4)：80-85.

[8] 刘国靖. 以项目管理为中心打造企业核心竞争力 [J]. 管理工程学报，2002 16 (10)：112-114.

[9] 廖媛红，戚安邦. 基于创新性活动的管理新范式研究 [J]. 项目管理技术，2007 (7)：13-17.

[10] Bredillet, C., Thiry, M., Deguire, M. Enacting Strategy through Projects: An Archetypal Approach [A]. Proceeding of European

Academy of Management. 2005.

［11］ Shenhar, A.J., Dvir, D. Project Management Research－the Challenge and Opportunity ［J］. Project Management Journal, 2007, 38（2）: 93–99.

［12］ Hartman, F.. 从战略到计划，从计划到项目 ［J］. 项目管理技术，2003（10）: 16–18.

［13］ Gareis, R. Application of the New Management Paradigm in the Project Orientated Company ［A］. Proceeding of OPMA. 1996.

［14］ Hauc, A., Kovac, J. Project Management in Strategy Implementation—Experiences in Slovenia ［J］. International Journal of Project Management, 2000, 18（1）: 61–67.

［15］ 程大群，陈可. 组织的项目管理文化［J］. 项目管理技术，2006（2）: 31–35.

［16］ 特纳. 项目管理手册 ［M］. 北京：清华大学出版社，2002.

［17］ Henrie, M., Sousa－Poza, A. Project Management: A Cultural Literary Review ［J］. Project Management Journal, 2005, 36（2）: 5–14.

［18］ 明茨伯格等. 战略历程 ［M］. 北京：机械工业出版社，2005.

［19］ Hoskisson, R.E., Wan, W.P., Yiu, D., Hitt, M.A. Theory and Research in Strategic Management: Swings of a Pendulum ［J］. Journal of Management, 1999, 25（3）: 417–456.

［20］ Wernerfelt, B. A Resource－Based View of the Firm［J］. Strategic Management Journal, 1984（5）: 171–180.

［21］ Teece, D.J. Economic Analysis and Strategic Management ［J］. California Management Review（pre－1986）, Spring1984, 26（000003）: 87–108.

[22] Bolman, L.G., Deal, T.E. 4 Steps to Keeping Change Efforts Heading in the Right Direction [J]. Journal for Quality & Participation, 1999, 22 (3): 6–11.

[23] 波特. 竞争优势 [M]. 北京：华夏出版社，1997.

[24] Grundy, T. Strategy Implementation and Project Management [J]. International Journal of Project Management, 1998, 16 (1): 43–50.

[25] 特纳. 项目群和项目组合管理：把项目与公司战略连接起来 [J]. 项目管理技术，2005 (5): 17–19.

[26] Thiry, M., Deguire, M. Recent Developments in Project–Based Organisations [J]. International Journal of Project Management, 2007, 25 (7): 649–658.

[27] Morris, P.W.G., Jamieson, A. Moving from Corporate Strategies to Project Strategies [J]. Project Management Journal, 2005, (12): 5–18.

[28] 姜卉，邹积峰. 项目组合管理在企业多元化战略中的应用研究 [J]. 项目管理技术，2007 (9): 30–34.

[29] Dietrich, P., Lehtonen, P. Successful Management of Strategic Intentions through Multiple Projects–Reflections from Empirical Study [J]. International Journal of Project Management, 2005, 23 (5): 386–391.

[30] Milosevic, D.Z., Srivannaboon, S. A Theoretical Framework for Aligning Project Management with Business Strategy [J]. Project Management Journal, 2006, 37 (3): 98–110.

[31] Kerzner, H.. 项目管理：计划、进度和控制的系统方法（第九版）[M]. 北京：电子工业出版社，2006.

[32] Morris, P.W.G., Jamieson, A. Moving from Corporate Strategies to Project Strategies [J]. Project Management Journal,

2005，36（4）：5–18.

［33］ Engwall，M.，Jerbrant，A. The Resource Allocation Syndrome：The Prime Challenge of Multi–Project Management?［J］. International Journal of Project Management，2003，21（6）：403–409.

［34］ 李垣，刘益. 基于价值创造的价值网络管理［J］. 管理工程学报，2001（4）：38–41.

［35］ 丁荣贵. 项目治理的基本思想［J］. 项目管理技术，2007（1）：73–75.

［36］ 张维迎. 博弈论与信息经济学［M］. 上海：上海三联书店、上海人民出版社，2004.

［37］ Rubinstein，A. Perfect Equilibrium in a Bargaining Model［J］. Econometrica，1982，50（1）：97–109.

［38］ 蒲勇健，杨秀苔. 国有企业债转股中的股权回购讨价还价博弈模型［J］. 现代管理科学，2002（1）：16–20.

［39］ 威勒，西兰琶. 利益相关者公司［M］. 北京：经济管理出版社，2002.

［40］ 中国聚酯网. 聚酯工业存在的几个问题［EB/01］. http://www.juzhi.com.cn/index_Article_Content.asp?fID_ArticleContent =7771. 2008–04–08.

［41］ Miller，D. Relating Porter's Business Strategies to Environment and Structure：Analysis and Performance Implications［J］. The Academy of Management Journal，1988，31（2）：280–308.

［42］ Slater，S.F.，Olson，E.M. Strategy Type and Performance：The Influence of Sales Force Management［J］. Strategic Management Journal，2000，21（8）：813–829.

［43］ 波特. 竞争战略［M］. 北京：华夏出版社，1997.

［44］ Parnell，J.A.，Hershey，L. The Strategy–Performance

Relationship Revisited: The Blessing and Curse of the Combination Strategy [J]. International Journal of Commerce & Management, 2005, 15 (1): 17–33.

[45] 迈尔斯，斯诺. 组织的战略结构和过程 [M]. 北京：东方出版社，2006.

[46] Snow, C.C., Hambrick, D.C. Measuring Organizational Strategies: Some Theoretical and Methodological Problems [J]. Academy of Management. The Academy of Management Review, 1980, 5 (4): 527–538.

[47] Srivannaboon, S. Linking Project Management with Business Strategy [J]. Project Management Journal, 2006, 37 (5): 88.

[48] 克劳福德. 战略项目办公室：一种解决组织实施的指导 [M]. 北京：电子工业出版社，2004.

[49] 郭斌. 企业如何应用 Pmo [J]. 项目管理技术，2004 (5): 37–39.

[50] 李庆国. 基于项目管理办公室的工程建设管理模式 [J]. 工程经济，2004 (2): 5–6.

[51] Bourne, L., Walker, D.H.T. Visualising and Mapping Stakeholder Influence [J]. Management Decision, 2005, 43 (5/6): 649.

[52] Bourne, L. Supersizing Pmo Performance [A]. Proceeding of PMI Globalcongress. Bangkok, Thailand, 2006.

[53] Schmidt, K., Preuschoff, A. Status and Trends in Project Management in a Global Context [M]. Norderstedt, Germany: Book on Demand GmbH. 2006.

[54] Stawicki, J., Müller, R. From Standards to Execution: Implementing Program and Portfolio Management [A]. Proceeding of 21st World Congress on Project Management. Krakow, Portland, 2007.

[55] Lycett, M., Rassau, A., Danson, J. Programme Management: A Critical Review [J]. International Journal of Project Management, 2004, 22 (4): 289–299.

[56] OGC. 成功的大型项目计划管理 [M]. 北京：机械工业出版社，2005.

[57] 韦伯斯特，西里. 项目群管理 [A] //项目管理手册. 特纳编. 北京：机械工业出版社，2004.

[58] Wijnen, G., Kor, R.. 独特性任务的项目与项目群管理方法 [M]. 天津：南开大学出版社，2005.

[59] Blomquist, T., Muller, R. Practices, Roles and Responsibilities of Middle Managers in Program and Portfolio Management [J]. Project Management Journal, 2006, 37 (1): 52–66.

[60] Cooper, R.G., Kleinschmidt, E.J. Stage Gate Systems for New Product Success[J]. Marketing Management, 1993, 1(4): 20–29.

[61] Anderson, R.E. Can Stage–Gate Systems Deliver the Goods? [J]. Financial Executive, 1993, 9 (6): 34.

[62] Shenhar, A.J. Strategic Project Management: The New Framework [A]. Proceeding of Portland International comference on Management of Engineering and Technology. Portland 1999.

[63] Snow, C.C., Hrebiniak, L.G. Strategy, Distinctive Competence, and Organizational Performance [J]. Administrative Science Quarterly, 1980, 25 (2): 317.

[64] Dai, C.X., Wells, W.G. An Exploration of Project Management Office Features and Their Relationship to Project Performance [J]. International Journal of Project Management, 2004, 22 (7): 523–532.

[65] Dai, C.X. The Role of the Pmo in Achieving Project Success of Work [D]. The George Washington University, 2001.

[66] Park, S.H., Luo, Y. Guanxi and Organizational Dynamics: Organizational Networking in Chinese Firms [J]. Strategic Management Journal, 2001, 22 (5): 455.

[67] Fan, Y. Questioning Guanxi: Definition, Classification and Implications [J]. International Business Review, 2002, 11 (5): 543-561.

[68] 梅广敏，李南，王文婷. 项目导向型组织的知识管理问题研究 [J]. 项目管理技术，2007 (11): 22-25.

[69] Wright, P., Kroll, M., Tu, H., Helms, M. Generic Strategies and Business Performance: An Empirical Study of the Screw Machine Products Industry [J]. British Journal of Management, 1991, 2 (1): 57.

[70] Miller, D., Friesen, P.H. Porter's (1980) Generic Strategies and Performance: An Empirical Examination with American Data Part I: Testing Porter [J]. Organization Studies (Walter de Gruyter GmbH & Co. KG.), 1986, 7(1): 37-55.

[71] Kumar, K., Subramanian, R. Pure Versus Hybrid: Performance Implications of Porter's Generic Strategies [J]. Health Care Management Review, 1997, 22 (4): 47.

[72] Parnell, J.A. Generic Strategies after Two Decades: A Reconceptualization of Competitive Strategy [J]. Management Decision, 2006, 44 (8): 1139-1154.

[73] O'Farrell, P., Hitchens, D., Moffat, L. Does Strategy Matter? An Analysis of Generic Strategies and Performance in Business Service Firms [J]. Business Strategy Review, 1992, 3 (1): 71.

[74] Gopalakrishna, P., Subramanian, R. Revisiting the Pure

Versus Hybrid Dilemma: Porter's Generic Strategies in a Developing Economy [J]. Journal of Global Marketing, 2001, 15(2): 61.

[75] 温忠麟，张雷，侯杰泰等. 中介效应检验程序及其应用 [J]. 心理学报，2004，36 (5)：614–620.

[76] 德威利斯. 量表编制：理论与应用 [M]. 重庆：重庆大学出版社，2004.

[77] 吴明隆. Spss 统计应用实务：问卷分析与应用统计 [M]. 北京：科学出版社，2003.

[78] 侯杰泰，温忠麟，成子娟. 结构方程模型 [M]. 北京：教育科学出版社，2004.

[79] 薛红志. 试论竞争战略对创业导向—绩效关系的影响 [J]. 外国经济与管理，2005 (12)：28–36.

[80] Robins, J., Wiersema, M.F. A Resource–Based Approach to the Multibusiness Firm: Empirical Analysis of Portfolio Interrelationships and Corporate Financial Performance [J]. Strategic Management Journal, 1995, 16(4): 277.

[81] Venkatraman, N., Ramanujam, V. Measurement of Business Performance in Strategy Research: A Comparison of Approaches [J]. Academy of Management Review, 1986, 11 (4): 801–814.

[82] Englund, R.L., Graham, R.J. 如何转型为项目型企业：项目办公室实战之路 [M]. 北京：清华大学出版社，2004.

[83] 李静芳. 零时间竞争的供应商关系管理 [M]. 北京：中国财政经济出版社，2006.

[84] 刘彦. 山东：中国经济的缩影 [J]. 中国新闻周刊，2006 (35)：20–22.

[85] 刘彦. 年均 13%的高速度增长 山东：中国经济的缩影 [EB/01]. http: //news.china.com/zh_cn/news100/11038989/20060918/13634048_1.html. 2007–09–18.

[86] 李攻. 新一轮宏观调控下的山东之变 中国经济的"缩影" [EB/01]. http: //news.xinhuanet.com/fortune/2006-10/26/content_5253211.htm. 2006-10-26.

[87] 中国城市发展研究会. 中国城市年鉴 2006 [M]. 北京: 中国城市年鉴社出版, 2007.

[88] 国家统计局城市社会经济调查司. 中国城市统计年鉴 2006 [M]. 北京: 中国统计出版社, 2007.

[89] Hobday, M. The Project-Based Organisation: An Ideal Form for Managing Complex Products and Systems? [J]. Research Policy, 2000, 29 (7-8): 871-893.

[90] DeFillippi, R.J., Arthur, M.B. Paradox in Project-Based Enterprise: The Case of Film Making [J]. California Management Review, 1998, 40 (2): 125-139.

[91] 戚安邦. 项目管理范式的全面转变及其原因分析 [J]. 项目管理技术, 2004 (3): 1-4.

[92] 白思俊. 项目管理为企业带来的管理变革 [J]. 项目管理技术, 2004 (4): 5-7.

[93] 石学勇, 王长锋. 企业项目化管理的探讨 [J]. 项目管理技术, 2007 (12): 21-26.

[94] 朱建平, 殷瑞飞. Spss 在统计分析中的应用 [M]. 北京: 清华大学出版社, 2007.

[95] Baron, R.M., Kenny, D.A. The Moderator-Mediator Variable Distinction in Social Psychological Research: Conceptual, Strategic and Statistical Considerations [J]. Journal of Personality and Social Psychology, 1986, 51 (6): 1173-1182.

[96] 温忠麟等. 结构方程模型检验: 拟合指数与卡方准则 [J]. 心理学报, 2004, 36 (2): 186-194.

[97] Ibusuki, U. Cost Management in the Stage-Gate System

[A]. Proceeding of AACE Inernational Transactions, 2005.

[98] Aubry, M., Hobbs, B., Thuillier, D. A New Framework for Understanding Organisational Project Management through the Pmo [J]. International Journal of Project Management, 2007, 25 (4): 328-336.

[99] 纪凡容，成虎. Pmo 在大型建设工程中的应用研究 [J]. 施工技术，2006 (12)：124-128.

[100] Pellegrinelli, S. Programme Management: Organising Project -Based Change [J]. International Journal of Project Management, 1997, 15 (3): 141-149.

[101] Eskerod, P. Meaning and Action in a Multi-Project Environment. Understanding a Multi-Project Environment by Means of Metaphors and Basic Assumptions [J]. International Journal of Project Management, 1996, 14 (2): 61-65.

[102] Gray, R. J. Alternative Approaches to Programme Management [J]. International Journal of Project Management, 1997, 15 (1): 5-9.

[103] Pellegrinelli, S., Partington, D., Hemingway, C., Mohdzain, Z., Shah, M. The Importance of Context in Programme Management: An Empirical Review of Programme Practices [J]. International Journal of Project Management, 2007, 25(1): 41-55.

[104] Sharad, D. Management by Projects—an Ideological Breakthrough [J]. Project Management Journal, 1986, 17 (1): 61.

[105] Cross, M., Sivaloganathan, S. A Methodology for Developing Company-Specific Design Process Models [J]. Engineering Manufacture, 2005, 219: 265-282.

[106] Radnor, Z.J., Noke, H. Innovation Compass: A Self-Audit Tool for the New Product Development Process [J]. Creativity

and Innovation Management，2002，11（2）：122–132.

［107］ Griffin，A. Pdma Research on New Product Development Practices：Updating Trends and Benchmarking Best Practices［J］. Journal of Product Innovation Management，1997，14（6）：429–458.

［108］ 李艳飞，杨飞雪. 新项目管理出现的动因及其学科内容的发展［J］. 项目管理技术，2007（10）：18–21.

［109］ Keegan，A.，Turner，J.R. The Management of Innovation in Project–Based Firms［J］. Long Range Planning，2002，35（4）：367–388.

［110］ 亚当·斯密. 国富论［A］. 企业的经济性质，路易斯·普特曼，兰德尔·克罗茨纳编. 上海：上海财经大学出版社，2000.

［111］ 桂维民，杨乃定，姜继娇. 基于战略视角的企业项目管理模式研究［J］. 中国软科学，2004（5）：78–81.

［112］ 丁荣贵. 突出重围：IT 企业的项目化［J］. 项目管理技术，2006（4）：54–56.

［113］ Turner，J.R. Towards a Theory of Project Management：The Nature of the Project［J］. International Journal of Project Management，2006，24（1）：1–3.

［114］ Turner，J.R. Towards a Theory of Project Management：The Nature of the Project Governance and Project Management［J］. International Journal of Project Management，2006，24（2）：93–95.

［115］ Turner，J.R. Towards a Theory of Project Management：The Functions of Project Management［J］. International Journal of Project Management，2006，24（3）：187–189.

［116］ Turner，J.R. Towards a Theory of Project Management：The Nature of the Functions of Project Management［J］. International Journal of Project Management，2006，24（4）：277–279.

［117］ Maaninen–Olsson，E.，Martinsson，I.. 项目流程的变革

[J]. 项目管理技术，2007（5）：15-21.

[118] Turner，R.. 项目管理的八个学派 [J]. 项目管理技术，2006（10）：69-72.

[119] Partington，D.，Young，M.，Pellegrinelli，S. Understanding Program Management Competence：A Phenomenographic Study [A]. Proceeding of Academy of Management，2003.